圖解台灣
TAIWAN

圖解台灣
TAIWAN

圖解台灣
TAIWAN | 04

有看有保庇　有拜有行氣

圖解

台灣神明圖鑑

謝奇峰——著

跨越神明研究的藩籬

──序謝奇峰《圖解台灣神明圖鑑》

　　神明是台灣宗教的祭祀主體，佛、釋、道與通俗信仰各擁千神萬仙，有獨有者亦有相通者，神明之多，多到足以讓人眼花撩亂，俗謂「大仙的王爺公，細仙的王爺囝」，即便崇祀者也多僅知其然，不見得知曉其來由、裝扮、故事，甚或工藝、美學、哲理等等；年輕民間學者謝奇峰兄新著《圖解台灣神明圖鑑》，也許可以為我們解開部分謎團。

　　奇峰兄是我規劃大台南文化研究叢書與文資叢書時，經由鄭道聰兄極力推介所認識的民俗研究者，在幾次的互動之後，覺得他是一位「好跤」，學識夠，專業夠，做事敏捷，幾無「漏失」，很值得信任，更可貴的是勇於挑戰，請他執筆的《台南府城聯境組織研究》、《七娘媽生，做十六歲》等書，即都獲得極大好評。在大台南民俗研究的領域裡，奇峰兄算是站在浪頭上了。

　　由於出身於府城舊城區的背景，與生於斯長於斯的生活關係，加上對民俗信仰的關心與鍾愛，奇峰兄很早便投身於其中，對府城的信仰生態與民俗演變知之甚詳，從觀察思索到參與其事，再到研究撰書，一路走來，誠懇而認真；《圖解台灣神明圖鑑》更能看出其驚人爆發力的上乘表現，這是多年研究功力的累積，這是長期浸染民俗的結晶。

　　《圖解台灣神明圖鑑》以最精鍊簡潔的文字，最貼切寫實的解說，搭配精采優美的圖片與細緻巧思的美編設計，閱讀簡易，查詢快速，可以讓我們在最短時間獲得最大知識，實已跨越以往有關台灣神明介紹書籍的藩籬了。

　　認識台灣神明，就能認識台灣民俗信仰，就能認識台灣民間文化的活力與張力。

台南市文獻委員

自 序

「神仙府」神明鑑賞

　　小時候在台南市的舊城區五條港（現中西區）長大，居家環境四周盡是老街、廟宇、神壇，可說是三步一小廟、五步一大廟。學生時代，別人是「風聲、雨聲、讀書聲、聲聲入耳」，而我卻是浸淫在廟會活動的「鑼聲、鼓聲、鞭炮聲」，耳濡目染之下，對廟宇神明、扛轎、戴將爺、家將團、小法團等民俗活動非常著迷，總喜歡繞著耆老長輩聆聽神明與人的故事，或者廟宇神壇的神明降駕辦事之時，好奇的站在一邊旁聽，了解神明如何行醫濟世幫助信徒，希望有朝一日自己也可以如神明一樣，有能力幫助別人，這也是我青少年時期對神明的憧憬。

　　俗諺「一府二鹿三艋舺」，府城在台灣的開發史裡，占有非常重要的地位，台南是台灣最早開發的地區，曾是台灣的歷史古都，從荷蘭時期開始，明鄭時期、清領時期，都以台灣府城（台南）為政治、經濟、文化的中心，再向外發展，也因此擁有眾多的古蹟、寺廟、歷史建築，並保存了多元的傳統藝術與民俗，想了解台灣的歷史，往往從台南開始。

　　外地人謂府城為承天府，並訛稱為「神仙府」，在我的解讀裡，亦是「神仙的首府」無誤，從清代的方志看來，許多神明的開台首廟都是落在台南市，廟宇的金碧輝煌無不為了莊嚴廟內的神明，神明才是信仰的中心，所以筆者介紹的神明大多以歷史古廟的神像為主，並簡述其信仰源流，再搭配其廟宇歷史，讓讀者對神明信仰來源、廟宇歷史文化、古物神像藝術有一貫的認識與幫助。

謝奇峰

2014.04

目
錄

【附錄】

圖解立即懂

神仙演義圖──台灣神明源流示意圖

【台灣民間信仰道教諸神系統】

　　台灣民間供奉的神明繁浩，儒、佛、道三教雜陳，代代相傳沿習之餘，台灣在地又見有不同特色的演變，以道教神界的組織為例，玉皇上帝是地位最高、權勢最大的神祇。玉皇上帝統御神界一切，有時更納神入其他諸仙、聖、佛，其組織系統很明顯受過去君權制度的影響，甚至對照現今的政府組織部門都還可見其相關性。除了神界的管理，玉皇大帝還擁有一支武裝的「天將神兵」，以維持下界的秩序和治安。

文神部眾與職司

玉皇上帝（天公）

三官大帝（三界公）⋯⋯ 上元天官／中元地官／下元水官
五方大帝
司生：南斗星君
司死：北斗星君
張府天師
玉皇大帝子嗣

南斗星君

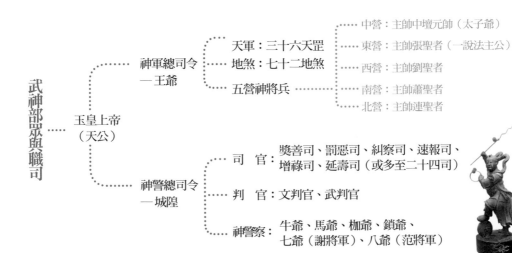

武神部眾與職司

玉皇上帝（天公）

神軍總司令──王爺
天軍：三十六天罡
地煞：七十二地煞
五營神將兵 ⋯⋯ 中營：主帥中壇元帥（太子爺）／東營：主帥張聖者（一說法主公）／西營：主帥劉聖者／南營：主帥蕭聖者／北營：主帥連聖者

神警總司令──城隍
司　官：獎善司、罰惡司、糾察司、速報司、增祿司、延壽司（或多至二十四司）
判　官：文判官、武判官
神警察：牛爺、馬爺、枷爺、鎖爺、七爺（謝將軍）、八爺（范將軍）

太子爺

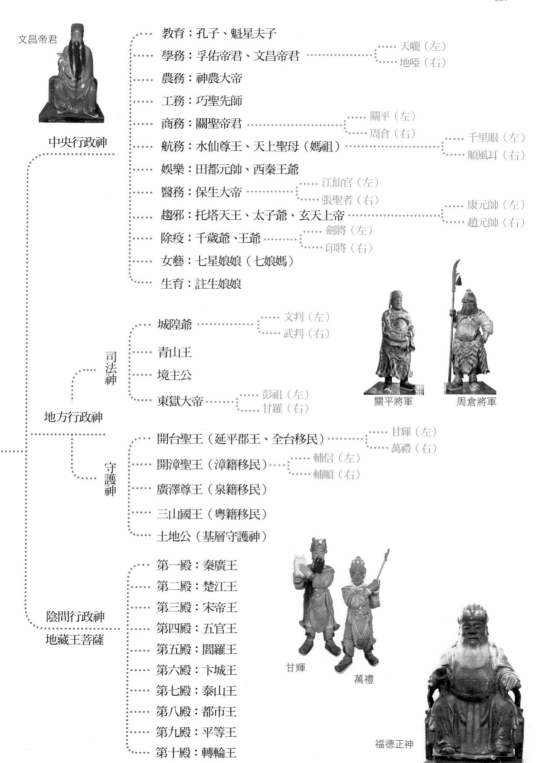

文昌帝君

中央行政神

- …… 教育：孔子、魁星夫子
- …… 學務：孚佑帝君、文昌帝君 …… 天聾（左）
  …… 地啞（右）
- …… 農務：神農大帝
- …… 工務：巧聖先師
- …… 商務：關聖帝君 …… 關平（左）
  …… 周倉（右）
- …… 航務：水仙尊王、天上聖母（媽祖） …… 千里眼（左）
  …… 順風耳（右）
- …… 娛樂：田都元帥、西秦王爺
- …… 醫務：保生大帝 …… 江仙官（左）
  …… 張聖者（右）
- …… 趨邪：托塔天王、太子爺、玄天上帝 …… 康元帥（左）
  …… 趙元帥（右）
- …… 除疫：千歲爺、王爺 …… 劍將（左）
  …… 印將（右）
- …… 女藝：七星娘娘（七娘媽）
- …… 生育：註生娘娘

地方行政神

司法神
- …… 城隍爺 …… 文判（左）
  …… 武判（右）
- …… 青山王
- …… 境主公
- …… 東獄大帝 …… 彭祖（左）
  …… 甘羅（右）

關平將軍　　周倉將軍

守護神
- …… 開台聖王（延平郡王、全台移民）…… 甘輝（左）
  …… 萬禮（右）
- …… 開漳聖王（漳籍移民）…… 輔信（左）
  …… 輔順（右）
- …… 廣澤尊王（泉籍移民）
- …… 三山國王（粵籍移民）
- …… 土地公（基層守護神）

陰間行政神
地藏王菩薩
- …… 第一殿：秦廣王
- …… 第二殿：楚江王
- …… 第三殿：宋帝王
- …… 第四殿：五官王
- …… 第五殿：閻羅王
- …… 第六殿：卞城王
- …… 第七殿：泰山王
- …… 第八殿：都市王
- …… 第九殿：平等王
- …… 第十殿：轉輪王

甘輝

萬禮

福德正神

台灣神明造像
之工藝鑑賞

台灣神明之信仰與工藝

目前有關台灣的歷史有較為連續的文字記載，是從荷蘭人占領澎湖才開始，明朝中葉以後，顏思齊與鄭芝龍為首的海上武裝集團，招募漢人前來台灣開墾拓殖，奠定了漢人在台灣的基礎，明永曆15年（1661）4月，鄭成功帶著25,000人大軍，400艘船艦從鹿耳門攻台，驅逐荷蘭人，將赤嵌地方改為東都，設承天府及天興、萬年二縣。以台灣為反清復明的基地，台灣於是又有大量的漢人移入，當時隨軍征台之人以漳泉人士為多，台灣是移民社會，先祖遠從唐山過台灣，往往都是聚族而居、同籍而居，也把當地的民間信仰帶入台灣。

中國福建地區素有「好巫尚鬼」的傳統，神鬼仙佛處處可見，寺廟宮觀到處林立，在台灣就可看到原鄉信仰移植的縮影，前人遠渡重洋，必須冒著台灣海峽的風險，前來台灣開墾拓殖謀生，出發前，大多數的人都會到自己家鄉香火鼎盛的廟宇祈求香火（媽祖、保生大帝、玄天上帝、關帝、王爺、觀音佛祖）做為護身符，保佑能一路平安順利，所以俗諺云：「渡海靠媽祖，安居靠真人」。

移民開墾之初，為求五穀豐收，都會祭拜土地公，等生活安定下來，為感謝神明的庇護，便先合資鳩建小廟，等經濟有所好轉改善以後，再建大廟，所有神明的宮廟發展過程幾乎雷同。

民間信仰最注重的就是「靈驗」，如神明皆能滿足信徒祈福、消災解厄的精神需求，讓信眾祈求之事能「心想事成‧靈感非凡」，信眾自會感恩圖報，捐資建廟，當人口漸多有聚落形成，便成為當地的保護神，後列之表格是筆者根據日治時期至2014年所做的台灣廟宇的主神排行榜，可看出其中的消長。

神像是信徒的精神領袖，宮廟的金碧輝煌是在彰顯神明的忠孝節義、護國佑民，神像雕塑更是信徒的寄託所在，每個時期都有其代表的粧佛工藝，現尚存的一些老神像，神韻之佳、氣勢之好、作工之細，令人讚嘆！更是現代的工藝師所無法超越的，不過現代的工藝受到西洋藝術美學的影響，比例逐漸趨於人體，面容擬人化，對於神的構思有新的思維與觀點，有人復古，有人創新，新舊風尚並存，也提供了消費者不同的選擇。

台南從明鄭時期至清代是開台首府，是台灣政治、經濟、文化的中心，台灣的

| 1 | 2 |
| 3 | 4 |

1. 台南鄭氏家廟之鄭成功　　3. 興濟宮保生大帝
2. 台南大天后宮媽祖　　　　4. 大龍峒保安宮36官將

神明開基祖廟大致分布在台南、鹿港（彰化）、台北，和台灣開發最早的「一府、二鹿、三艋舺」是一脈相承，而台南的粧佛工藝蓬勃發展，藝術水準執全台之牛耳，更是全台喜愛神像者的朝聖地，所以想了解台灣歷史、神明源流、信仰文化、粧佛工藝，從府城出發就對了。

台灣廟宇封神榜【民間信仰主神排行榜前十名】

名次＼時間	日大正8年（1919）	日昭和14年（1939）	民國49年（1960）	民國81年（1992）	民國103年（2014）
1	福德正神	福德正神	王爺	王爺	土地公
2	王爺	王爺	觀音佛祖	觀音佛祖	王爺
3	天上聖母	觀音佛祖	天上聖母	天上聖母	釋迦佛
4	觀音佛祖	天上聖母	福德正神	釋迦佛	觀音佛祖
5	玄天上帝	玄天上帝	釋迦佛	玄天上帝	天上聖母
6	有應公	關聖帝君	玄天上帝	福德正神	玄天上帝
7	關聖帝君	三山國王	關聖帝君	關聖帝君	關聖帝君
8	三山國王	保生大帝	保生大帝	保生大帝	陰神
9	保生大帝	釋迦佛	三山國王	三山國王	保生大帝
10	三官大帝	有應公	中壇元帥	中壇元帥	中壇元帥
出處	《台灣宗教報告書》（丸井圭治郎）	《台灣宗教》（增田福太郎）	劉枝萬〈台灣省寺廟教堂調查表〉	《重修台灣省通志》	中央研究院人社中心文化資源地理資訊系統

粧佛工藝技術流派與特色

連橫在《台灣通史》〈工藝志〉曾對清末民初台灣工藝產業發展做一描述，可看出當時台灣工藝之粗略形貌：「台灣為海上之荒島，其民皆閩粵之民也，其器皆閩粵之器也。工藝之微，尚無足睹。然台郡之箱、大甲之席、雲錦之緞綢，馳名京邑，採貢尚方，則亦有足焉。」

其次並將台灣工藝分類為紡織、刺繡、雕刻、繪畫、鑄造、陶製、煆灰、竹工、皮工等，擇分述如下。關於雕刻載有：「雕刻之術，木工最精；台南為上，而葫蘆墩次之。嘗以徑尺堅木，雕刻山水、樓台、花卉、人物，內外玲瓏，栩栩欲活。崇祠巨廟，以為美觀……蓋選材既佳，而掄藝亦巧。唯雕玉刻石，尚不及閩、粵爾。」

台灣目前的雕刻師傅，幾乎全來自於福建的泉州、福州、漳州後裔，這三者在雕刻的理念、技藝工法、傳承方式都各有不同。

台南市是台灣最早開發的城市，從明鄭時期歷經清代台灣府城發展，十字大街（現民權路與忠義路）一帶，為府城最早發展的商店街，有竹子街、帽子街、草花街、鞋街、枋橋頭、嶺後街等重要街道，周邊廟宇林立，不同祖籍地的雕刻師傅來到府城發展開花散葉，從田野調查中發現，台南的粧佛店大多集中在今日民權路一帶。台南粧佛師傅大多屬泉州、福州兩派以及民國60年代興起的閣派。

人樂軒店貌

西佛國店貌

西佛國造像，眼睛較少用童子眼，以眉骨突出、睜眼直視、獅頭鼻、法令紋明顯來表現內蘊式的不怒而威之泉州風格

米街廣安宮福州派池王，由人樂軒造像，眼睛喜用童子眼、鷹勾鼻、顴骨外露，以外顯式誇張的表情面相來顯現池王威嚴

後人為了方便區分辨識神像，瞭解雕刻的師承與雕刻造型味道的不同，往往就以開山祖師的籍貫為稱呼，如林亨琛老師傅為福州人，創立「人樂軒」店號，就稱他們為福州派；蔡心老師傅為泉州人，創立「西佛國」店號，就稱他們為泉州派；陳金永老師傅為漳州人，創立「金芳閣」店號，就稱他們為漳州派或閣派。

左圖：人樂軒周倉誇張的動作
右圖：人樂軒關平服飾立體層次鮮明

　　一般神佛像的造型，都會參考了解祂的歷史典故與成神背景的由來，知道崇拜祂的原因，再透過匠師的思考邏輯，妙手摹擬出祂的個性與形體，而造出神明的五官與造型，神像內會蘊含一種無形之氣質，傳達出教義精神，讓信眾能起景仰崇拜之心。

　　神佛像的造型，約略都有定型化，可以辨別出來，各派對於神明認知的不同，所表現出來的作品也是不盡相同，所以說各家的作品與風格表現是各有特色，慢慢演變成一種形式風格，派別就這樣隱然成形。

人樂軒作品，神像比例修長，服飾立體層次感分明、動作誇張是福州派特色

廣安宮火王福州體，胸形浮誇，下半身修長

金華府馬王爺泉州體，上半身端正，下半身相較下比例較短

　　早期神像雕刻剛開始一定先以模仿為主，當累積愈來愈多的經驗後，會精益求精，也會去參考各家表現較好的作品，現代因為資訊的發達，雕刻的形式已不能再停留在傳統的窠臼裡一成不變，大都會加入自己的巧思與美學觀念，注重身體比例、神態的傳神、表情的細膩、線條的流暢，反覆的思考如何來表現更真的一面，所謂：「要能感動別人需要先能感動自己」，屬於個人的藝術特質就呈現出來了，派系的風格，隨著時代的進步，也轉趨愈來愈淡。

這組神像是清代的老神像，關平溫文，周倉威嚴

2014年唐興閣作品，閣派是吸收泉州派與福州派的優點而靠著自己摸索折衷而成的一派，唐興閣此作品神像比例近於人體，精雕細琢、刀法俐落、線條優美，衣褶走勢合理，一靜一動，栩栩如生

周倉將軍

關平將軍

木材選擇

樹木是有生命的，選用木材必須了解其特性，神像材料的選擇一般有樟木、檜木、檀香木，以台灣樟木居多，因為樟木的材質軟硬適中，富油質含有異香，不會有蟲蛀，年輪紋理呈斜雲狀，較不會有蹦裂的現象，最適合雕刻。

樟木分類：本屬植物約350種，分布於東亞至澳洲、南太平洋。台灣原產14種，分布於中低海拔闊葉林。

樟樹在台灣常分為本樟、芳樟（小葉樟木）、油樟、陰陽樟等四品種。尺寸的選擇（台尺）一般都會依照丁蘭尺上「有字」，乃吉祥尺寸，數字為表示「丁」、「旺」、「義」、「官」、「興」、「財」，好的字數才用，非常慎重。

有時會依個人八字命格，欲雕刻的神明的尺寸之「數」來搭配主家，譬如個人命格缺「財」，就以「財」的尺寸來雕刻神像。

常見尺寸即有：3寸6、7寸2、9寸8、尺2、尺3、尺6、尺8、2尺、2尺2、2尺4、2尺6等。

入神

神像尚未入神之前只是一件偶像而已，入神就代表把神力注入神像體內，使其具備某種神力，匠師會先在神像的背後開一個洞，並選擇一黃道吉日在廟宇宮壇或粧佛店進行。

現代由於民間信仰盛行，個人宗教信仰的認知，為增加其靈力，入神物除一般的香火灰、七寶（金、銀、錫、銅、鐵、珍珠、瑪瑙）、五色線，還會外加動物靈如虎頭蜂、蜈蚣、鶖翎、九官、海馬、蛇等。

入神的動作一般在神像已完成大半，只剩最後的牽線、安金、彩繪階段，也是主家可以看到半成品的時候，更是主家支付部分工資的時候。一般粧佛店神像收費方式是分三個階段，開斧時會先收四成的錢，入神時再收三成，交件時再收尾款三成。

此外，從許多修護古神像的匠師得知，早期的神像不一定有入神的動作。

茲將入神的過程圖解如下：

1　入神儀式進行前祭拜

2　入神儀式準備好的入神物，神明未開光前以紅布遮臉

3　入神七寶：金、銀、錫、銅、鐵、珍珠、瑪瑙

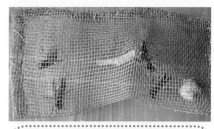

4　入神的動物靈如虎頭蜂、蜈蚣、鵁翎、九官、海馬、蛇等

5　入神前準備入神物的儀式

6　放入香火灰

7　入神七寶準備置入神像

佳里金唐殿註生娘娘有不同的入神物，如銅錢、八卦、牛鈴、五色線、五穀子、臍帶等

8　完成後焚燒金紙

開光點眼

一般有幾種方式：

1. 可請粧佛師傅選擇黃道吉日代為神像開光。
2. 請道士或法師開光點眼。
3. 請宮廟的乩童開光點眼。

在府城由於小法團相當盛行，神明請小法團來開光點眼相當普遍。茲將過程介紹如下：

1 開光點眼前置作業——折金紙

2 未開光的神明的臉部需先用紅紙（布）蓋住

3 開光點眼需準備：開光鏡、毛筆、白雞等

4 法師作法清淨壇場請神降臨

5 法師需先敕雞。以淨水清淨、咒語加持雄白雞，「敕」仍聖化加持靈氣的過程。進行過程所誦的「開光咒」：

法海無邊清淨水　　九鳳破穢大將軍　　點開聖耳聽四方　　永知地厚及天堂
速降真氣解能穢　　七星寶劍耀乾坤　　歲月遊吉財子到　　富貴榮華及天長
金雞本是一靈禽　　五體全生一聖通　　點開聖心通七竅　　先機聖術實是妙
割雞取血上神眼　　兩眼分明炎炎光　　吉日良時開聖心　　四時坐向得萬全
手執玉筆玉皇敕　　此筆執來取血精　　點開聖肚食天祿　　庇佑合境人興旺
取血點眼神如在　　神靈顯現最靈通　　興靈如在真顯現　　真機玉華永無差
一開如鏡萬年光　　胎賜日月兩光輝　　點開後背聖泰山　　四時遊吉保平安
先開上頂達天庭　　下開地厚達四方　　香火興旺千古載　　福如東海壽如山
左眼開來右眼光　　兩眼分明炎炎光　　點開手足是十指　　六十甲子掌中開
瞻天察地人康泰　　男女老幼永康寧　　推算人間得善來　　時時招來萬里財
點開聖鼻多香味　　物生太極分兩儀　　點開聖腳踏四方　　騰雲駕霧在虛空
運通萬年神如在　　招祥集福慶有餘　　監察世間人善惡　　子子孫孫得賢郎
點開聖口食天祿　　一聲號令百鬼藏　　迎鎮壇中保神像　　庇佑合境保平安
判斷世間人萬事　　興旺喜祿有餘光　　弟子一心專拜請　　＊＊＊降臨來
　　　　　　　　　　　　　　　　　　　　　　　　　　　神兵火急如律令

6

法師敕劍

7

法師敕筆

8

法師割白雞的雞冠
（表取其靈氣）

9

法師以筆取
白雞的雞冠
血（雞為「五德之禽」。
《韓詩外傳》云：它頭上
有冠，是文德；足後有
距能鬥，是武德；敵在
前敢拼，是勇德；有食
物招呼同類，是仁德；
守夜不失時，天時報
曉，是信德。）

10

法師敕靈鏡，取太陽之光，象徵取天地正氣

11

將開光鏡折射之光照向神尊，象徵
開啟靈力

12

再點神像的頭頂、地底，
再點神尊眼、鼻、口、
耳、心、後背、十指、雙
腳，象徵靈氣從頭頂灌入
五官、身體、手腳，全身
各個功能啟動

13

儀式圓滿結束，燒古紙照射
神明，表示讓神尊神光顯赫

14

禮成燒金紙、放鞭炮

開光準備的東西

雄白雞一隻
開光鏡一面：上面會請法師以紅色硃砂筆畫上一靈符，畫有開光大吉
鮮花、四果、金紙、香燭、鞭炮

硬身神明造像與軟身神明結構
圖解大揭祕

【圖解硬身神明造像過程——以佛萊國為例】

打粗坯
第一階段

雕刻品是根據光與影來表現其立體感，先在木材正面取中心線，依頭身的比例畫出等份與形體，打出神像粗略的架構

打粗坯
第二階段

第二階段：附予神像的外貌，粧佛師傅都要了解神明的歷史背景，透過匠師的腦力激盪與思考邏輯，經由師傅的妙手，藉著神像面相五官與姿勢表象將神明的個性與精氣神表現出來，見像如神在

一體
成形

此尊媽祖神像是座椅與神像作在同一塊木材裡

細坯
修光

雕刻後的粗坯，神像大概的輪廓都已完成，由師傅用刻刀依照原有的形體，一刀一刀的消除粗刀所留下的痕跡，粗糙的部分給予細緻化，並細修出原來的面貌，再用砂紙研磨每個部位，使其木材之毛細孔優質化，軀體的手腳細節、衣服裙帶之摺路、其形態皆已精緻有型。

作神像
皮面漆線

當細坯完成後，才可上黃土底漆。並作皮面的線條，為神明的外衣妝扮紋飾線條，讓其更有立體感，就像昔時朝代所穿的服裝規制一般，增龍添鳳增加其貴氣，製作的方法一般有分二種，一為粉線、一為漆線，早期的泉州派作法以漆線較多，福州派作法則以粉線為主。

安金化色
神像完成

俗語說的好：「人要衣粧，佛要金粧」，神佛像就是要金光閃閃才能顯得莊嚴超凡，並依需要施以適度的彩繪搭配，增加其美感與貴氣。

天土聖母
完成

插上奏板完整呈現，
等待擇日開光聖眼

【圖解軟身神明之身體結構──以唐興閣為例】

神像製作方式分有硬身與軟身之別，硬身即圓雕像，從帽子、頭、身、手、腳、衣飾穿著、座椅，一體雕成；軟身主要分為頭與身體、手、腳三部分，頭與身軀是一體，神像的手、腳是模仿人體的關節結構而成，手腳之間以分段組成，為活動式的，可屈可伸，手肘可左右移動，手指雕刻分明，如同常人的身體結構一般，關節之間常見以入榫的木作工法完成，可調整為立姿或坐姿，可以更新衣袍。

軟身神明之神像軀體一般是不輕易讓人見到，以視對神明的尊重，通常穿衣時會先加一件內衣後，再穿上神衣，穿鞋子之前也需先加一層襪子，跟一般人的穿衣習慣是一樣的。

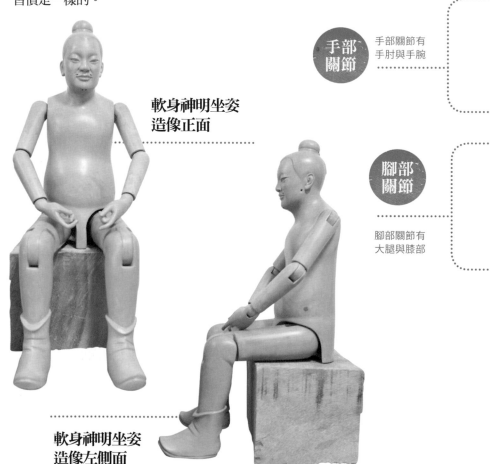

手部
關節
手部關節有
手肘與手腕

腳部
關節
腳部關節有
大腿與膝部

軟身神明坐姿
造像正面

軟身神明坐姿
造像左側面

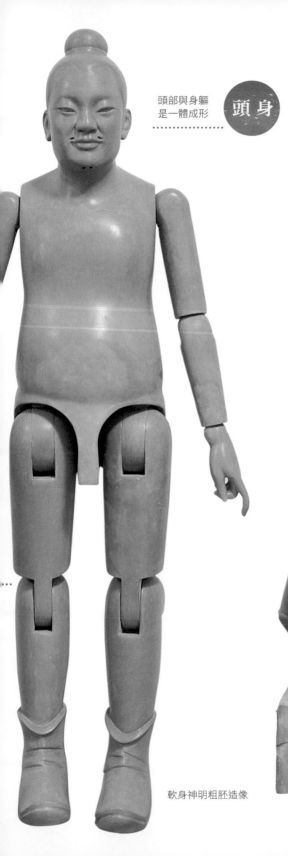

頭部與身軀
是一體成形

頭身

**軟身神明
坐姿造像斜側面**

軟身神明粗胚時的
造像與神情

**軟身神明
坐姿造像背面**

軟身神明粗胚造像

神像皮面裝飾工藝

神像的外衣裝飾，在粧佛業即所謂作皮面，為神明的外衣妝扮紋飾線條，讓其更有立體感，就像昔時朝代所穿的服裝規制一般，增龍添鳳增加其貴氣，為神像皮面裝飾工藝，早期的泉州派作法以漆線較多，福州派作法則以粉線為主。現代的作法則分有三種：

1. 錦雕：直接在神像上以淺浮雕的方式雕刻蟒龍甲路水景等吉祥圖騰。
2. 漆線：以漆線土用粗細線條的運用，靈活堆疊的方式來表現圖騰的立體感。
3. 粉線：以粉線土來紋飾線條，表現衣上的吉祥圖騰，以靈活流暢為要。

其工藝單價依其技術繁複性與工法精密度，由高至低分別是錦雕、漆線、粉線。

神像的外衣裝飾，在粧佛業即所謂作皮面

栩栩如生的髮線絲絲入扣

錦雕魚鱗甲

錦雕—以唐興閣為例

錦雕是繪畫與雕刻結合的產物，用淺浮雕的方式來讓圖騰能夠在壓縮的空間裡表現得活靈活現，常見是蟒龍、各式的甲路。

錦雕蟒龍

不同樣式的錦雕人字甲

錦雕龍紋

唐興閣錦雕工藝

錦雕人字甲

漆線 —以佛萊國為例

漆線是粗細線條的運用，加上靈活堆疊的立體設計而成，一件好的作品是構圖加上工藝師的如何將線條做最好的藝術詮釋，細漆線更是考驗工藝師的眼力、定力與耐力。

武甲的紋路清晰可見

毛髮絲漆線

武甲的保護層細緻不馬虎，技法可圈可點

老神像細緻的漆線

佛萊國神明細漆線之工藝

粉線 —以唐興閣為例

粉線是以類似擠蛋糕的擠壓管，我們稱為粉線管，出來線條的粗細是以粉線頭大小與手掌擠壓的力氣來控制，工藝師會在欲作畫的皮面以鉛筆先畫一草稿，再依構圖施工，紋飾線條以靈活流暢為要，起頭收尾的線條要有一致性。

工藝師以粉線管施繪衣袍紋飾

工藝師以粉線管施繪圖騰

神像的尺寸不大，工藝師必須專注於眼前的施繪

完成後的粉線細緻精美

唐興閣神明施畫粉線的工藝

圖 解

台灣神明鑑賞

開基玉皇宮玉皇上帝

開基玉皇宮 玉皇上帝

- 司職：萬神之主
- 神誕日：農曆1月9日玉皇上帝萬壽；農曆5月2日玉皇四殿下聖誕；農曆9月6日王皇三公主娘聖誕；農曆9月9日九皇大帝聖誕
- 著名廟宇：開基玉皇宮、彰化元清觀、草嶺慶雲宮、沙鹿玉皇殿

神明來歷與鑑賞入門

　　玉皇大帝，又稱玉皇上帝、玉皇、玉帝、玉皇大天尊、天公、昊天金闕玉皇大天尊，在道教中的地位僅次於三清，為四御之首。在台灣民間信仰裡玉皇大帝是神界皇帝、主宰三界，化育萬靈，地位崇高。

　　玉皇上帝的信仰源自上古的天帝崇拜，殷商時期，人們稱最高的神為帝或上帝，認為上帝有能力支配日、月、風、雨、雷、電等自然現象，並有主掌人間生死、壽夭、吉凶、禍福等人生命運與改變社會現象與社會統治者的神性。

　　西周以後，有了皇天、上天、天帝、皇天上帝、昊天上帝等多種神稱。周代統治者利用天帝崇拜，鼓吹「君權神授」、天意、天命之天職，國君宣稱自己是天帝的兒子，自稱為「天子」。也唯有天子才可以「祭天」，藉此神化其統治權。後來由於社會的分工愈趨複雜與國家行政體系逐漸的擴大，人們依據社會的現況瞭解，仿擬編撰出

開基玉皇宮二樓靈霄寶殿

天壇玉皇上帝聖位牌

一套以天帝為中心而建構出來的龐大神仙系統。

東漢以後，道教產生，天帝變成了道教的神仙界的皇帝，為漢民族崇拜的最高神，總轄三界（天界、地界、水界）、十方（東、南、西、北、東南、東北、西南、西北、上、下）、四生（胎生、卵生、濕生、化生）、六道（天道、人道、阿修羅道、畜生道、餓鬼道、地獄道）。

唐代，道教蓬勃發展，一度成為國教，「玉皇」與「玉帝」之名大量在文獻上出現，宋真宗更在宮內恭設玉皇像，於大中祥符5年（1012）封玉皇聖號為「太上開天執符御歷含真體道玉皇大天帝」。宋徽宗於政和6年（1116）又加封聖號為「太上開天執符御歷含真體道昊天玉皇上帝」。「玉皇大帝」、「玉皇上帝」之名便在民間普遍流傳。

台灣民間信仰均尊玉皇上帝為「天公祖」，早期每個家庭正廳的大樑上，都設一個吊著的天公爐，上香拜拜最先請到的神祇就是玉皇上帝，可見民間對玉帝的尊敬是何等的崇高。

圖解神明鑑賞

開基玉皇宮玉皇上帝為軟身聖像，神像
身體是模仿人體的關節結構而成，手肘
是活動式，手指雕刻分明，頭戴帝冠，
身著龍袍，右手持扇，左手持巾。

玉皇上帝為神界
皇帝，居高臨下
統御萬靈

頭冠

玉皇上帝頭戴帝
冠，身穿龍袍，象徵
最高位階

軟身聖像

玉皇上帝為一頭戴帝
冠、右手持扇、左手
持巾之軟身神像，是
模仿人體關節的結構

右手

玉皇上帝右手持扇，
翩翩風度

左手

玉皇上帝左手持巾，
具有書生氣質

開基玉皇宮玉皇上帝

宮廟建醮前來玉皇宮請玉皇上帝香火

廟宇源流與故事

開基玉皇宮

地址：台南市北區佑民街111號
電話：廟內（06）2238649；辦事處（06）2240267
創建年代：明永曆24年（1670）

　　開基玉皇宮創建於明永曆24年（1670），原稱玉皇太子宮（一名四舍廟），最初尊玉皇四太子為主神，在鎮北坊，由於神威顯赫，護佑軍民，清康熙27年（1688）總鎮官楊文魁發起重修，為清代官兵所祀奉的寺廟之一，清嘉慶5年（1800）因尖山一帶地震，廟身崩塌，由境民集資發起重修，並增雕玉皇上帝、玉皇四太子、玉皇三公主大型軟身神像及大帝、南北斗星君、張府天師等神像，復因雕立玉皇上帝之聖像，故乃尊玉皇上帝為主神，並改廟號為開基玉皇宮，玉皇四太子遂降格為從祀神，改稱為玉皇四殿下，歷清光緒13年（1887）、日治時期，廟體皆有整修，現貌為民國83年所完成。

宮廟建醮恭請張府天師神像前往鑑醮

　　台南早期是台灣政治、經濟、文化的中心，從荷蘭時期，經明鄭時期、清領時期都以台南為中心，再向外發展，清康熙23年（1684）台灣設一府（台灣府）下轄三縣（諸羅、台灣、鳳山），台灣府地位崇高，府城內的廟宇地位也相對呼應其層級，府城內有二間天公廟，習慣稱舊的天公廟為開基玉皇宮，新的天公廟則是天壇（又稱天公埕）。

天壇天公廟

天壇請香火

廟宇藝術與文創

宮廟開宮必來

民間信仰相信玉皇上帝是至高之神，上掌三十三天，統領天地人三界神祇，統御萬靈，天公廟地位崇高是眾神領旨、觀朝、開光、進香、建醮恭請香火、天師的地方。設立神壇或開宮廟行醫濟世，都要來天公廟奏請領有玉旨方可開張，如同

天旨與印章

銅牌劍令

現今公司行號要開業之前都要領有政府部門許可的營業執照一般。領有玉旨、宮印、銅牌、尚方寶劍、天令，如同開公司之開業的必備條件。

神轎至天公廟行跪拜禮，轎夫要下跪以示對玉皇上帝的尊崇

禮敬‧開光

眾神來天公廟觀朝進香都必須行跪拜禮，以示對玉皇上帝的尊崇，扛轎之轎夫前簽之人需下跪，神轎需前低後高代表神明向玉皇上帝行進謁禮，神將拜廟也必須行下跪禮，代表對玉皇上帝的禮敬。

台南武英殿玉皇三公主娘娘往開基玉皇宮觀朝，信眾行三跪九叩禮

在開基玉皇宮替神像開光

開基玉皇宮
南斗星君

司職：註生之神
神誕日：9月1日
著名廟宇：開基玉皇宮

背後有陰陽
兩儀之紋

膚臉，慈眉善
目，白鬚，上衣
為兩儀紋

右手持拂塵

坐於山頭之上，
左手持葫蘆

神明來歷與鑑賞入門

南斗星君，與北斗星君並稱，是道教中重要的天神，南斗為二十八宿中之斗宿，共有六顆星，在人馬座。南斗六星的位置與北斗七星相對。先秦時期，秦始皇下令建立「南斗廟」，當時已有專祀南斗星君的廟。

受到東晉干寶《搜神記》：「南斗註生北斗註死。凡人受胎，皆從南斗過北斗」。受南斗星君與北斗星君能增添凡人壽命的故事影響，南斗的職能被神格化，民間相信南斗星君掌理人類的壽命長短，主延壽。

道書玉清經云：「南斗有六宮，一為天府宮，是司命星君；二為天相宮，是司祿星君；三為天梁宮，是延壽星君；四為天同宮，是益算星君；五為天樞宮，是度厄星君；六是天機宮，是上生星君」。南斗星君遂成為六司星君。

《太上南斗六司延壽度人妙經》中載：「南斗火官除毒害，北斗水神滅凶災；一切所求皆稱遂，萬般滯悶悉通開；能依經法冥心醮，必當隨願契靈台；凡在有情常頂禮，禍厄無因輒敢來」。提示信眾只要能至誠虔心禱祝，無不應驗。

南斗星君

開基玉皇宮北斗星君

- 司職：註死之神
- 神誕日：8月3日
- 著名廟宇：開基玉皇宮

黑臉睜大雙眼，黑鬍鬚，一臉嚴肅之像，左手持如意

背後陰陽兩儀之紋

上衣為代表陰陽兩儀（魚）之紋路

坐於山頭之上

神明來歷與鑑賞入門

北斗星君，與南斗星君並稱，是道教中重要的天神，掌管北斗七星。北斗七星為：「天樞宮貪狼星君、天璇宮巨門星君、天璣宮祿存星君、天權宮文曲星君、玉衡宮廉貞星君、開陽宮武曲星君、瑤光宮破軍星君」，七星集合為一神即是北斗星君，《雲笈七籤》24卷「日月星辰部」曾提及北斗七星還有輔星、弼星的存在，所以稱為北斗九星。

東晉干寶《搜神記》記載了一則「管輅求延壽」的故事，即管輅趁北斗星君與南斗星君在下棋對奕之時，用酒肉向之求助，得以延壽，受其影響往後大家相信，北斗星君是專門決定人的死期，「凡人受胎，皆從南斗過北斗；所有祈求，皆向北斗。」所以道教認為祈禳北斗，可以消災解厄。

北斗星君

《太上玄靈北斗本命延生妙經》亦載：「北辰垂象而眾星拱之，為造化之樞機，做人神之主宰，宣威三界，統御萬靈，判人間善惡之期，司陰府是非之目，五行共稟，七政同科，有迴死注生之功，有消災度厄之力，上至帝王下及庶人，尊卑雖則殊途，持誦北斗經可常保平安。」

玉皇宮三官殿

三官大帝

神明來歷與鑑賞入門

　　三官大帝地位崇高，其神職地位僅次於玉皇上帝，民間寺廟常與配祀於玉皇上帝之前。三官是道教中掌管天府、地府、水府三界之神：稱為「天官」、「地官」和「水官」，閩南語俗稱「三界公」，客家話稱為「三界爺」，又稱「三元大帝」。

　　中國上古就有祭天、祭地和祭水的禮儀。《儀禮》的〈覲禮篇〉稱：「祭天燔柴，祭山丘陵升，祭川沉，祭地瘞」。不過這是皇帝的權利，一般平民百姓只能祭祖。

　　東漢時，張陵創立天師道，為人治病的方法為：將病人的姓名及具有悔過服罪的文書，書寫一式三份，一份放在山上，代表天官賜福，一份埋在地下，代表地官赦罪，一份沉入水中，代表水官解厄，稱為「三官手書」。南北朝時天、地、水三官神和上、

司職：三界之神
上元（天官大帝）神誕日：1月15日
中元（地官大帝）神誕日：7月15日
下元（水官大帝）神誕日：10月15日
著名廟宇：三官廟

玉皇大帝與三官大帝神尊

中、下三元神信仰合二為一。

　　三官大帝在道教中的正確神銜為：

　　天官：上元一品九炁賜福天官曜靈元陽大帝紫微帝君。

　　地官：中元二品七炁赦罪地官洞靈清虛大帝青靈帝君。

　　水官：下元三品五炁解厄水官金靈洞陰大帝暘谷帝君。

　　簡稱為上元一品賜福天官紫微大帝，中元二品赦罪地官清虛大帝，下元三品解厄水官洞陰大帝。

　　民間對於三官大帝最普遍的說法，則認為天官大帝為堯、地官大帝為舜、水官大帝為禹等三位皇帝。

圖解神明鑑賞

三官是道教中掌管天府、地府、水府三界之神：稱為「天官」、「地官」和「水官」，閩南語俗稱「三界公」，客家話稱為「三界爺」，又稱「三元大帝」。三官造型頗為一致，皆冕服、帝冠、持笏。

三官廟的三官大帝有二組，分別是三官廟與三界壇兩廟的神尊，原同祀三官大帝，因三界壇被拆而合祀一起，神像造型相當統一，身穿冕服，頭戴帝冠，雙手持笏於胸前作朝天式

廟宇源流與故事

三官廟
地址：台南市中西區忠義路二段40號
電話：06-2288443
創建年代：清乾隆43年（1778）

三官廟創建於清乾隆43年（1778），原係台灣知府蔣元樞之生祠，而後獻為祠廟，供民改祀三官大帝，迨嘉慶年間，山西大僧尚來居此廟渡眾生，咸豐4年西蜀之人袁明高，渡台懸壺濟世，頗出人望，當時巡撫徐公眷屬罹奇疾，被治痊癒，乃命伊至本廟主持，自袁氏在廟主持奉香，兼行醫濟世後，因而信徒激增，香火漸盛，於咸豐10年重建全部廟貌。日本時期，正殿充為幼稚園教室，戰後由本街善士王天恩發起，邀集董旺、羅祈福、陳清吉、葉媽意等有志人士倡議重修三官堂，民國48年雕太子爺神像合祀，民國76年動工重建，歷經十年落成，並於民國85年舉行丙子年慶成祈安三朝建醮大典。

1. 三官廟廟貌
2. 蔣公生祠原係台灣知府蔣元樞之生祠，而後獻為祠廟
3. 三官廟三川殿一景

張府天師

圖解神明鑑賞

一般民間廟宇落成建醮或普度都會恭請張天師前來，緣金多者以「糊一黑面鬍鬚天師像，高五、六尺，衣服均用綢緞為之，一日換一色」；緣金少者則請「泥塑天師」。天師爺嚴肅的神情，震懾眾生，代表正法當前神鬼人一律平等。

天師頭上有「道冠」，道冠上插「鉚」

濃眉睜眼、大鼻，嘴巴下沉面帶嚴肅，代表正義無私

身穿絳衣

雙手捧皇帝頒的聖旨於右前，眼神直視，鬼神怕，代表正法當前

開基玉皇宮
張府天師

張天師拜殿

神明來歷與鑑賞入門

　　張天師，又稱天師爺、天師公、廣信府張府天師、正乙真人、靖應真君、三天扶教輔元大法師、顯佑真君、降魔護道天尊等尊稱。

　　離我們最近的清代文獻《安平縣雜記／僧侶並道士》：「……作醮必普度，一切豬羊牲醴酒席果品米膏鈷肉山之類，均極豐盛。董其事者，有主事、主醮、主壇、主普、三官首、天師首、聖帝首、祈安首、慶成首、信士首等各名目。按其捐緣之多寡，分次第焉。普度諸物，公設一份，餘均董事各家自己出金備辦。羅列廟前，以物少者為恥。建醮之前數天，必請天師（天師張姓，相傳漢之張道陵）；建醮之後數天，必送天師（緣金多者，糊一黑面鬍鬚天師像，高五、六尺，衣服均用綢緞為之，一日換一色，天師壇舖設極工麗焉）。緣金少者，到天壇請泥塑天師而已。法器有銅鈴、法索、法螺、盂缽、鐘鼓、手爐、木笏等件」。一般民間廟宇落成建醮一定要恭請張天師前來鑑醮，方得圓滿平安。

　　「張天師」一詞，一般是泛指張道陵（34年～156年），初名陵，後名道陵，字輔漢，東漢人。張良（子房）八世孫，後漢沛國豐縣人。本來是太學書生，生性好學，博采五經，通黃老之道，七歲時即能通道德經及河洛圖緯之書，皆極其深奧的知識。長為博學之士，後棄官學道，創立了正一盟威道，俗稱五斗米道，是道教的創始者，為第一代天師。受封正乙真人靖應真君，在江西龍虎山設廣信府，授傳正一盟威道法，其傳人為其親族子孫所世襲，後代傳人皆稱為「天師」，至今已傳有64代。也有某些道教流派，將張道陵、葛玄、許遜、薩守堅視為四大天師。

玉皇四殿下

信仰源流延伸考

圖解神明鑑賞

開基玉皇宮玉皇四殿下，身穿文袍，右腳穿武甲，代表文武全才，法相威嚴正義。

專注聆聽，
法相威嚴正義

左手置於腿間，右手輕提腰帶

椅巾繪有花紋

坐姿四平八穩，
身穿文袍，右腳
穿武甲，代表文
武全才

・司職：玉皇上帝之子
・例祭日：農曆5月2日
・著名廟宇：開基玉皇宮

玉皇四殿下

神明來歷與鑑賞入門

在清乾隆17年（1752）《重修台灣縣志／卷六／玉皇太子宮》中載：

> 玉皇太子宮（一名四舍廟）在鎮北坊（歲四月八日佛誕，僧童舁佛像，
> 奏鼓作歌，沿門索施，名為洗佛。是日禁止屠宰）。偽時建，康熙二十七年，總
> 鎮楊文魁重修，一在西定坊草仔寮，名上太子宮，一在土墼埕尾，名下太子宮，
> 一在長興里，俱偽時建。

在明鄭時期就有祭祀玉皇太子的廟宇，即現今的台南開基玉皇宮，初建之時以
玉皇四太子為主神，乃因留有玉皇四太子木雕神像乙尊，玉皇上帝及玉皇三公主為香
火。神明降乩、降轎、扶鸞濟世、出巡遶境，皆由四太子代天行道，所有對外活動也
由四殿下代表廟方出席。

唐《晉書·天文誌》云：「玉帝坐北，有一星曰太子，帝儲也。」民間信仰裡相
信神界玉皇上帝的家庭體系應與皇帝家族是一樣的，相信玉皇上帝也有子嗣，而以其
子女為奉祀對象，視同對玉皇上帝的敬奉尊祀，所以有玉皇大太子、二太子、三公
主、四公主之稱也不足為奇。

信仰源流延伸考

圖解神明鑑賞

開基玉皇宮玉皇三公主為玉皇上帝之三女，亦稱天皇玉女娘娘，其形面目清秀，柳眉、細目、小嘴，雖是女性卻也英氣散發，右手握拳頂於右腿，左手輕提腰帶，有巾幗英雄的氣慨。

玉皇三公主

- 司職：玉皇上帝之女
- 例祭日：玉皇三公主聖壽農曆9月6日
- 著名廟宇：開基玉皇宮

面目清秀，柳眉、細目、小嘴

髮式為燕尾型

龍頭椅背，椅座為八獅椅

右手握拳頂於右腿，左手輕提腰帶，為一巾幗英雄形象

玉皇三公主拜殿

神明來歷與鑑賞入門

玉皇三公主神尊

　　玉皇上帝的聖眷確實數目，文獻上無從考究，若單從其子女的排行來論，有大公主、二公主、三公主……以此類推，玉皇三公主娘娘則為玉皇上帝之三女，亦稱天皇玉女娘娘，當初開基玉皇宮的玉皇三公主娘娘最初的香火，是在鄉廟用「求筊」的方式求得，並無神像。

武英殿 玉皇三公主娘娘

圖解神明鑑賞

武英殿開基天皇玉女三公主娘娘，身穿龍袍冕服，雙手持笏，柳眉鳳目，櫻唇小口，關愛眼神環視蒼生。

髮式為燕尾型

柳眉鳳目，櫻唇小口，關愛眼神環視蒼生

慈眉善目朝天面聖

身坐龍頭椅

司職：玉皇上帝之女

例祭日：玉皇三公主娘娘萬壽神誕日農曆2月5日

著名廟宇：開基玉皇宮

雖為龍頭椅，但椅背造型質樸

武英殿開基天皇玉女三公主娘娘

廟宇源流與故事

> **武英殿**
> 地址：台南市中西區大智街135號
> 電話：06-2276820
> 創建年代：日昭和16年（1941）

武英殿

武英殿之前身為集慶堂，於日昭和16年（1941）創建，由信徒郭金砂、施甘霖、郭良安、張德復、蔡老福等五人迎請南鯤鯓吳府千歲香火至南廠集慶堂供奉，由於神威顯赫，庇佑群生，民國53年南廠集慶堂易名為南廠武英殿，主祀神明：五府千歲（李、池、吳、朱、范）、玉皇三公主娘娘，並配祀：玉皇皇太君、玉皇皇太后娘娘、玉皇金闕二殿下、武英大帝。

武英殿三公主娘娘神尊

武英殿天皇玉女緣由

在日治時代，住在南勢街人稱城仔伯的郭金砂（1914～1986），郭家供奉的神明是保安廣澤尊王，時有降駕濟世讓善信請示，有一天一名小兒命在旦夕緊急前來請示，忽然降駕的是一位女神，聲音非常細嫩，說是「巡山婆者」，經過此地因看見小兒危急，遂慈悲降臨救童，不久該兒病就痊癒，此後便時常降駕來濟世，大家稱祂為「聖母」，後來便雕刻金尊來奉祀，經請示聖號為何，開示為「天皇玉女」，是武英殿玉皇三公主娘娘的幕後聖號。民國92年，楊梅以通靈命相聞名的黃慶祥大師（人稱阿公仔），率學生信徒上百人來拜拜乃認定玉皇三公主娘娘（另稱號為龍吉公主娘娘），並為其祝壽，造成轟動。

慈眉善目觀世間的武英殿三公主娘娘神尊

下營上帝廟玄武龜蛇。玄武之像
是由龜蛇合抱而來的人格化

下營上帝廟內殿

- 司職：海神、法力之神
- 玄天上帝神誕日：農曆3月3日
- 著名廟宇：大上帝北極殿、開基靈佑
　宮、崇福宮、集福宮、聚福宮

神明來歷與鑑賞入門

　　玄天上帝，又稱北極大帝、真武大帝、北極玄天上帝、萬法教主、玉虛師相、玄武神、真武神、北極佑聖真君、北極蕩魔天尊、無量壽佛、玄帝、北帝等，尊號繁多，民間敬稱上帝公、上帝爺公、帝爺公，象徵北極星，為統領北方的道教大神，北方屬水，在五色中屬於黑色，傳說玄天上帝法力高強，職守北天門，也兼具水神、海神、冥神之職能於一身。

　　玄武的傳說來歷有多種版本，最早應源於原始的星宿崇拜與動物崇拜（由龜蛇合抱而來）的人格化。

　　古人在夜晚對於滿布天上的星空總是充滿神祕與好奇，隨著每個季節的變換，滿天星斗的運行更迭，可根據星宿來確定方位與季節變化，將天上眾星群想像成動物的樣子：

　　　把東方的星星群想像成為龍形──青龍

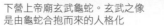

玄天上帝

沙淘宮三玄天

　　把西方的星星群想像成為虎形——白虎

　　把南方的星星群想像成為鳥形——朱雀

　　把北方的星星想像成龜蛇形狀——玄武

「四象」產生以後也產生「二十八宿」，「二十八宿」即二十八個星座：

　　東方蒼龍七宿：角、亢、氐、房、心、尾、箕。

　　西方白虎七宿：奎、婁、胃、昴、畢、觜、參。

　　南方朱雀七宿：井、鬼、柳、星、張、翼、軫。

　　北方玄武七宿：斗、牛、女、虛、危、室、壁。

　　從宋代開始後，玄武逐漸由自然神演變為人格神，宋・趙彥衛《雲麓漫鈔》卷九描述玄武帝之像為「繪其像為北方之神，被（披）髮黑衣，仗劍蹈龜蛇，從者執黑旗」。到了明代玄天上帝成為鎮邦護國之神，建了許多玄天上帝廟，並由官方祭祀。在明成祖永樂皇帝時達到鼎盛，特加封號為「北極鎮天真武玄天上帝」，並用了30萬人，花了7年時間，建設武當山，成為八宮二觀、三十六庵堂、七十二岩廟、三十九橋、十二亭的龐大建築道教勝地，更不惜重金在天柱峰頂鑄造了以銅為主，飾以黃金的金殿與真武銅鑄鎏金像。

圖解神明鑑賞

玄天上帝象徵北極星，為統領北方的道教大神，北方屬水，在五色中屬於黑色，傳說玄天上帝法力高強，職守北天門，也兼具水神、海神、冥神之職能於一身。

臉部
金臉膚色
發散神性光輝

眼鼻
單鳳眼、
高隆鼻形，
呈現威嚴穩
重相

廟中大上帝脫帽造
型，難得一見

仗劍
雖說玄天上帝通常手持七星劍，
但鎮殿玄天上帝以文官為造型，
則不見持劍

大上帝鎮殿玄天上帝
雙腳為赤腳不穿鞋，
右腳底作墊腳尖狀

顯足
赤腳顯足是玄
天上帝神尊一
大特色，顯足
可貫通地氣，
更顯靈驗

大上帝北極殿玄天上帝（圖片提供／北極殿）

大上帝鎮殿玄天上
帝側臉大耳造型

大上帝鎮殿玄天上帝肩批紅布巾

高腳翹

與單腳高翹的其他玄天
上帝神尊比較起來，鎮
殿玄天上帝端坐姿態更
見威嚴

大上帝鎮殿玄天
上帝左腳赤腳

廟宇源流與故事

北極殿廟

地址：台南市中西區民權路2段89號
電話：06-2268875
創建年代：創建於明鄭時期

　　北極殿又稱真武廟、上帝公廟、大上帝
廟，有別於「小上帝廟」的開基靈佑宮，創建
原稱大上帝廟，至咸豐4年重修以後更名為北
極殿。北極殿位於明鄭時期的承天府，東安坊
鷲嶺之頂，是官建廟之一。佐證府城地勢東高
西低，明鄭擇此建廟，因地勢高聳，建築巍
峨，冠於其他寺廟。俗諺所云「上帝廟坱墘，
水仙宮泥錢」，具有地標之意義。

　　在清康熙24年（1685）台灣府第一任知
府蔣毓英進行第一次重修。可見其創建時間

北極殿廟貌

之悠久，廟中仍存明寧靖王朱術桂所書「威靈赫奕」木匾一方，落款年代永曆23年巳酉（1669）8月，是目前台灣最早古老的匾額，也是唯一存世的明代古匾。清嘉慶9年（1804）由四條街與來自福建福寧的桐山營之戍守班兵共同捐貲，在廟後建造公館一所，供登陸、待渡之營兵住宿，稱桐山營公寓，民國74年8月內政部審定為國家重要二級古蹟。

　　北極殿因兩次都市計畫執行，拓寬民權路的關係，不得已只好往內縮減，造成規制殘缺的遺憾，歷經多次修建，並於民國98年完成重修、舉行建醮大典。

上圖：大上帝脫帽神尊及其他神尊
下圖：北極殿廟三川殿

廟宇藝術與文創

　　北極殿廟中仍存明寧靖王朱術桂所書「威靈赫奕」木匾一方，落款年代永曆23年巳酉（1669）8月，是目前台灣最早古老的匾額，也是唯一存世的明代古匾。此外「北極大帝」地球香爐也是極具特色的文物。

上圖：北極殿廟拜殿高懸之「威靈赫奕」木匾
下圖：天圓地方的銅香爐非常特別，底座是四方形，上方是圓形地球狀，並有鏤空的八卦的卦爻

信仰源流延伸考

大上帝銅製
大公爐主佛

圖解神明鑑賞

大上帝銅製大公爐主佛神尊脫帽造型難得一見，銅鑄神尊左手捔法指、腳掌微仰之動作，皆可細細鑑賞。

大上帝銅製大公爐主佛脫帽頭綁紅巾像，身後有雲帶

大上帝銅製大公爐主佛以左手捔法指，神情鎮定威武

大上帝銅製大公爐主佛背面造型

大上帝泥塑五帝神尊

大上帝泥塑五帝以武官之姿展現，其右腳大器高翹、右手持劍觸地，完全呈現其獨具的性格。

大上帝背部造像

仗劍

蹈龜蛇

大上帝泥塑五帝神尊側身

右手持七星劍、右腳高翹，充分展現男性神尊率性大器的氣質度量

崇福宮
開基玄天上帝

圖解神明鑑賞

崇福宮開基玄天上帝右手持劍、左手打出上帝公指，動作威嚴、神氣活現。

崇福宮開基玄天上帝右手持七星劍，左手打出上帝公指

崇福宮開基玄天上帝右側，見右手持七星劍

崇福宮開基玄天上帝，見左手捏指

崇福宮
二鎮玄天上帝

二鎮玄天上帝說明：崇福宮二鎮玄天上帝雖
與開基玄天上帝同為持劍作勢的動作，但更
見其架勢神氣逼人。為蔡心作品。

崇福宮二鎮玄天上
帝左手掐指，劍器
法力無邊

崇福宮二鎮玄天上帝神
韻佳，心有定見

崇福宮二鎮玄天
上帝右腳踩蛇

崇福宮二鎮
玄天上帝左
踏烏龜

府城最早的曾家道士之道祖

三清道祖

- 司職：道教之祖
- 元始天尊聖誕日：農曆 1 月 1 日
- 靈寶天尊聖誕日：夏至日
- 道德天尊聖誕日：農曆 2 月 15 日
- 著名廟宇：宜蘭三清宮、玉井三清宮、
  開基玉皇宮、天壇、玉皇玉聖宮

神明來歷與鑑賞入門

　　盤古開天地　一氣化三清：三清乃指宇宙未形成前之混沌狀態中產生的三元氣。三清道祖本無形體，而以三氣為精，三氣者始、元、玄。始氣青，在清微天；元氣黃，在禹餘天；玄氣白，在大赤天。

　　玉清聖境——清微天，為天界最高，為三清首席，象徵「地」，玉清生於太元之先，故稱為元始天尊。其造型寓意：左手虛拈，右手虛捧，象徵天地未形，萬物未生的無極。由於元始天尊先天地而生，其時洪源溟涬，宛如雞蛋，元黃初坯，萬物滋生，故先人尊元始天尊為造化之神，取「一元復始萬象更新」之意。

和勝堂之三清道祖

玉井三清宮三清道祖

民間習俗中，以農曆正月初一（元旦）為元始天尊聖誕，必須供奉雞蛋，以感謝神明造化之功，象徵混沌之時，陰陽初判的第一大世紀。掌管玉清聖境及九聖諸神。

上清真境──禹餘天，象徵天。靈寶天尊俗稱「通天教主」，控制廣昊無際的天體，居碧遊宮，已練就萬劫不壞金身，以靈寶教化，度人無量，法光顯現大千世界。靈寶天尊右手執玉如意，象徵修煉圓滿。象徵剛從無極狀態中衍生出來的太極，上清象徵混沌始清，陰陽分明的第二大世紀。掌管上清真境及九真諸神。

太清仙境──大赤天，象徵「道」。太清道德天尊別稱太上老君、太上道祖，為道教始祖。道德天尊乃萬教之主，執掌萬物生、長、歸、化等綿延循序，俗云萬教歸一。為老子化身手拿一把有陰陽鏡的扇子，象徵由太極而分化出的陰陽兩儀。掌管太清仙境及九仙諸神。

圖解神明鑑賞

延陵道壇吳政憲道長家道祖太上老君最特殊的表現是盤腿而坐，右手高抬道指，而所坐的椅子也是古時候一種供人們憑倚的家具。

道 冠

頭戴道冠，道冠上插鉚

明 鏡

道祖盤坐的凭几靠背有一鏡子，代表明鏡高懸

道祖雙手掐道指，右手上舉

道祖盤坐，坐前有凭几，是有三個蹄形足的特殊家具，古時供人們憑倚而用的一種家具

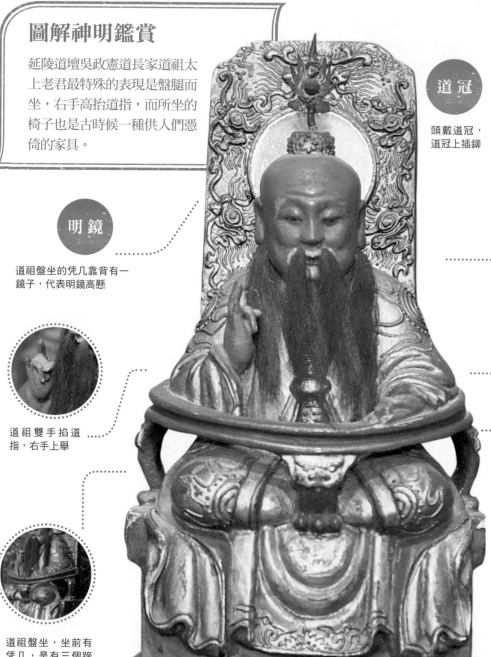

玉皇玉聖宮三清道祖

面相飽滿，耳垂厚實

身穿道袍

左手置於凭几上，此家具非常特別，有三個
蹄形足圍繞，是古代的一種憑靠用的坐椅

左手

延陵道壇吳政憲道長家三清道祖

小南天古神像

福德正神

- 司職：土地神
- 神誕日：農曆2月2日（土地公）、8月15日
- 著名廟宇：小南天福德祠、頂土地鎮轄境、下土地總祿境、大埔福德祠

神明來歷與鑑賞入門

　　土地神，土地是與人民最親近的，土地廣大無邊，負載萬物，人們因地而生財，得以生存下來，人民對於土地的敬畏與感恩，以崇拜土地酬謝其功，土地從自然神逐漸進化為人格神，古有后土、社神、社公、土地爺等諸稱謂，民間則俗稱為土地公、福德爺、伯公、福伯，是台灣民間信仰裡最普遍供奉的神明之一。

　　最初的土地崇拜從社神開始，《孝經援神契》云：社者，土地之神，能生五穀，社者，五土之總神，土地廣博不可遍敬，故封土為社而祀之，以報功也。

　　《神異典‧社稷之神部總論》：「先儒以社祭五土之神，五土者：一曰山林，二曰川澤，三曰丘陵，四曰墳衍，五曰原隰。明曰社者，所在土地之名也：凡土之所在，人皆賴之，故祭之也」。

　　土地廟的崇祀以明代最為興盛，與朱元璋生於土地公廟之傳說有所關連，當時各地村落街巷都建有土地廟，甚至連倉庫、草場皆有土地祠，清乾隆17年（1752）《重修台灣縣志／文廟土地祠》描述：文武各衙門左，俱有土地祠，朔望日，本衙門

小南天福德祠正殿神像

行香祭，則本官主之。其居民所祀土王曰福德祠，在東安坊者六：嶺頂、番薯崎、觀音亭邊、諸羅倉邊、嶽帝廟右、龍川井；在西定坊者四：南巷口、新街尾、海防廳邊、佛頭港；在寧南坊者五：打石街、安海街、磚仔橋、大南門邊、大埔尾；在鎮北坊者六：禾寮港街、總爺街、熟皮寮、赤嵌樓左、粗糠崎、林投井；在永康里者二：彌陀寺右、燒帵嵌，他如大南門外仙草寮、小北門外柴頭港及安平鎮新豐里、長興里、土庫、歸仁北里、舊社街，在在有祠，每歲農曆2月2日、8月15日，沿戶鳩資演劇，張燈慶讚，亦春祈秋報之意。俗謂：「街頭街尾土地公」清代台灣各衙門與各市街與地方普遍都建有土廟，視土地公為地方上的保護神，祈佑生意興隆、五穀豐收，家畜興旺，平安順利，每逢聖誕千秋各家各戶都會出錢演戲酬報神恩。

所謂「有土斯有財」，民間對土地公的祭拜，也隨農業社會到工商社會的轉變，其神格角色也隨著時代轉變而質變，由農人祭拜的神，而轉化為「財神」，成為各行各業祈求財源廣進、生意興旺而普遍祭拜的神明。

圖解神明鑑賞

土地神是與人民最親近的神祇，人民對
於土地的敬畏與感恩，以崇拜土地酬
謝其功，土地從自然神逐漸進化為
人格神，民間則俗稱為土地公、福
德正神、福德爺、伯公、福伯，是
台灣民間信仰裡最普遍供奉的神明
之一。土地公隨著時代的轉變而轉
化為「財神」，所以除了木仗，也
常見手持元寶的土地公。

冠帽

頭戴五星冠帽

土地公是最親近民眾的神
祇，總是一臉慈祥和藹，不
論大人小孩都倍覺親切感

左手

左手輕放
於扶手上

右手

右手靠於椅手上手
持元寶（代表財源
廣進）

玉帶

腰間有腰帶

紋飾

服裝上繡
有壽紋

土地公像鄰家老伯伯，身
材福福泰泰的，和藹可親
的樣貌任誰都喜愛

小南天古神像

小南天古神像
可看見歲月痕跡

手持元寶的小南天古神像　小南天古神像背面

小南天鎮殿福德爺

小南天三川殿

廟宇源流與故事

小南天三川殿

地址：台南市中西區忠義路2段158巷27號
電話：06-2211386
創建年代：相傳明永曆20年（1666）取名

　　蕃薯崎小南天福德爺祠主祀福德正神，蕃薯崎是蕃薯的集散地，其崎上建有福德祠，位於東安坊鷲嶺北崎，德慶溪之涯，南仰上帝廟之崇，左鄰枋橋溪水，右近禾寮港街，相傳明永曆20年（1666）寧靖王覽勝於此，以流水潺潺，山峰緩拔，清爽秀麗，悠靜雅緻，實為南天勝境，而將廟取名為「小南天」，為台南最早土地廟之一。

　　清雍正初年巡道吳昌祚修建，乾隆58年（1792）巡道金溶偕地方人士再修；嘉慶19年（1814）眾弟子修建並獻匾「德厚聿隆」以謝神恩；日治大正3年（1914）董事曾敏卿、許拔臣復修；民國45年董事白惠文、蕭魁募款重修，並迎開基武廟關帝爺合祀；現貌為民國76年修建完成。

小南天福德祠全貌

小南天福德祠內的神童爺

廟宇藝術與文創

小南天福德祠 · 二十八星宿籤詩板

　　廟內存有清嘉慶庚辰25年（1820）的二十八星宿籤詩板，其上所載內容甚為特殊，以杯令的「笑」杯（二杯皆仰）、「陰」杯（二杯皆覆）、「信」杯（一仰一覆）為組合，只要擲筊三次即可得到結果，為府城各廟宇所沒有的完整的籤詩板。

　　「小南天」原匾據傳為寧靖王手書，可惜後不知去向，現懸掛之匾為嘉慶19年（1814）匾額，字跡秀逸，筆力迫人，亦具文物價值。

清嘉慶庚辰25年（1820）的二十八星宿籤詩板

延平郡王祠鄭成功神像

- 司職：開台之神
- 頭牙：農曆1月16日
- 春祭：國曆4月29日
- 聖誕日：農曆7月14日
- 普度：農曆7月22日
- 著名廟宇：鄭成功祖廟、三老爺宮

開台聖王

神明來歷與鑑賞入門

　　鄭成功（1624~1662），名森，字明儼、號大木，幼名福松，福建省南安市石井鎮人。明天啟4年農曆7月14日（西元1624年8月27日）誕生於日本長崎縣平戶千里濱。其父鄭芝龍，其母為日本人田川氏，為東寧王朝的開國君王。

　　鄭成功原為中國南明政權的大將軍，因蒙南明紹宗賜明朝國姓朱，賜名成功，世稱「國姓爺」、「鄭國姓」、「朱成功」，又因蒙南明昭宗封延平王，也稱「鄭延平」，朱成功對荷蘭、西班牙交涉時，多數自稱「大明招討大將軍國姓」，民間則尊稱「延平郡王」、「開台聖王」、「開台國聖公」等。

　　在乾隆52年（1787）林爽文事變中的供詞描述到：南部鳳山一帶有民眾相信鄭成功已成神，在女巫的詮釋下，已轉變成為戰神，並顯神助戰。

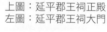

上圖：延平郡王祠正殿
左圖：延平郡王祠大門

　　同治13年（1874）沈葆楨與其他官員聯名上奏，以鄭成功「感時仗節，移孝作忠」之義，應屬「為民表率」，而奏請皇帝准為其建祠祭祀，光緒元年（1875）朝廷准奏建立專祠，稱其為「前明故藩朱成功仗節守義，忠烈昭然。遇有水旱，祈禱輒應，尤屬有功台郡。於台灣府城建立專祠並與追謚，以順輿情。欽此。」

　　並由禮部追謚，號「忠節」。同年三月，沈葆楨拆除了舊的開山王廟，在原址重建福州式建築式樣之「延平郡王祠」乙座。沈葆楨並親寫對聯乙副：「開萬古得未曾有之奇，洪荒留此山川，作遺民世界；極一生無可如何之遇，缺憾還諸天地，是創格完人。」從此以後，鄭成功即成為清廷所承認之模範人物。

圖解神明鑑賞

鄭成功世稱「國姓爺」、「鄭國姓」、「朱成功」，又因蒙南明昭宗封延平王，也稱「鄭延平」，朱成功對荷蘭、西班牙交涉時，多數自稱「大明招討大將軍國姓」，民間則尊稱「延平郡王」、「開台聖王」、「開台國聖公」等。

嘴角微揚，面帶微笑

側照龍頭椅

雙手抱袖（壽），露出右手大拇指

龍頭閉嘴

背面照，椅背有椅巾設計

開基開台聖王

左圖：延平郡王祠頭門
右圖：延平郡王祠中殿

廟宇源流與故事

延平郡王祠
地址：台南市中西區開山路152號
電話：06-2135518
創建年代：清光緒元年（1875）

延平郡王祠（開山王廟）

鄭成功，福建泉州南安人；明天啟4年（1624）生於日本九州平戶，永曆16年（1662）薨於台灣台南安平，得年三十九。

國姓爺英年早逝，台南百姓，慕鄭成功之孤忠，感其開闢之恩懷，於清乾隆中葉建開山王廟，尊稱為開台聖王，奉之如神明，為六合境內油行尾街、馬公廟街、柱仔行街、清水寺街、仁厚境街、大埔街等街之公廟，故該廟其餘一切之事務，則由大眾共同協助管理。

清光緒元年列入祀典，改稱「延平郡王祠」，官方與民間合祀，香火尤盛。光緒21年（1895）清廷割讓台灣，日本亦表崇敬，日明治30年（1897）改祠為開山神社。

呈請賜謚建祠之奏摺木圖

民國52年本祠重建，二年後聘請楊英風塑像，鄭氏端坐殿堂風采再現。民國97年台南市政府尊崇信仰源流，乃請筊奉允迎回開台聖王金身，恢復全台祭拜鄭成功的祖廟，並能展現祠廟合一的重大歷史意義。

甘輝將軍

圖解神明鑑賞

甘輝將軍一身武將裝扮，雙手捧印，因造型持印，故民間也以「印官」稱之。

一身武將裝扮，
雙手捧印

頭戴二郎盔，英氣風發

肩被虎皮披風，腰處
纏有護甲

戰甲線條流暢

泥塑甘輝將軍

甘輝將軍拜殿

神明來歷與鑑賞入門

甘輝將軍

　　福建海澄人，身材短小，卻驍勇善戰。明朝滅亡後，甘輝投身鄭成功部隊，隨鄭軍轉戰東南沿海，甘輝作戰勇猛果敢，戰功彪炳，亦多謀略，為鄭成功軍中頗為重要的大將，幾乎參予了鄭軍所有戰役，立下無數戰功，被鄭成功任命為中提督，1655年鄭成功被封為延平王，左、右、前、後、中提督被封為伯爵，中提督甘輝為崇明伯。1658年，鄭成功北征，甘輝為先鋒，一路皆捷。翌年，進駐南京，然於七月遭崇明總兵梁化鳳突擊，甘輝在力戰後終因寡不敵眾被擄，遭南京總督所殺。鄭成功廟宇會以甘輝為陪祀，因造型持印，故民間也以「印官」稱之。

持印造型的甘輝將軍

信仰源流延伸考

張萬禮將軍

圖解神明鑑賞

張萬禮將軍頭戴虎頭盔，一身武將裝扮，因造型持劍，故民間也以「劍官」稱之。

顴骨外露，臉帶威嚴，正視前方

頭盔皮垂至後肩

盔甲立體，雙手反持劍尖相當少見

頭戴虎頭盔，豎眉大眼，一身武將裝扮

一身戰甲，雙手捧劍

泥塑張萬禮將軍

萬禮將軍拜殿

神明來歷與鑑賞入門

張萬禮將軍

　　張萬禮與甘輝是鄭成功的反清復明時的
將軍，驍勇善戰，盡忠職守。於明永曆13
年隨鄭成功率軍攻打清廷，屢戰屢勝。當時
鄭成功曾經作一首詩「縞素臨江誓滅胡，雄
師十萬氣吞吳，試看天塹投鞭渡，不信中原
不姓朱」；可以想見當時鄭軍氣勢旺盛的程
度。

　　萬禮，原稱張要，福建平和人，為鄭成
功廟陪祀將軍，因造型持劍，故民間一般也
以「劍官」稱之。張禮等人為宣示大家萬眾
一心，因而改以「萬」字為姓，屢建大功，
晉陞至提督，封建安伯。1658年（永曆12年）
隨鄭成功北征南京，被擄，與甘輝同時就義。

持劍造型的萬禮將軍

天上聖母 媽祖

開基天后宮鎮殿媽祖

- 司職：航海守護神
- 天上聖母神誕日：農曆 3 月 23 日
- 著名廟宇：祀典大天后宮、新港奉天宮、北港朝天宮、大甲鎮瀾宮

神明來歷與鑑賞入門

　　媽祖姓林，因一出生時，都不哭不鬧，而取名為「默」，又名默娘，相傳出生於宋太祖建隆元年（960）福建省莆田縣湄洲島，卒於宋太宗雍熙4年（987），享年28歲。

　　據現存最早有關於媽祖的文獻，是南宋廖鵬飛於紹興20年（1150）〈聖墩祖廟重建順濟廟記〉所載：世傳通天神女也。姓林氏，湄洲嶼人。初以巫祝為事，能預知人禍福……」。了解媽祖生前是一位能預知人禍福的女巫，屢顯神異，死後被當地人奉為神靈所供奉。宋徽宗宣和4年（1122），給事中路允迪奉旨出使高麗，航行途中遇狂風巨浪，舳艫相衝者八，而覆溺者七。唯獨路允迪所乘之船，有媽祖顯靈護佑指引之下，避開風浪平安而歸，於是路允迪返國後，上奏朝廷為媽祖護駕有功請封，宋徽宗

台南大天后宮媽祖

安平開台天后宮大媽

特賜莆田寧海聖墩廟額為「順濟」，自
此媽祖信仰正式為朝廷所承認與褒揚。

媽祖為海上保護神的傳聞，開始
迅速的對外傳播開來，此後媽祖救災、
助戰、顯佑的靈異事蹟不斷的出現，歷
代朝廷先後敕封的封號也由最初的「夫
人」至「妃」、「天妃」、「天后」。媽祖
信仰也隨船運的傳播，自福建到浙江、
廣東、台灣等中國沿海省份，並向琉
球、日本、東南亞等地傳布開來。

開基天后宮軟身媽祖

圖解神明鑑賞

開基天后宮的鎮殿之寶，是當年隨著鄭成功艦隊來台的「船仔媽」。媽祖端坐椅上，雙手放於扶手之上，手指向內，右手持笏，座椅的扶手是如意形式，且有椅巾的設計，底座為原始木頭之圓形。神像背面刻有「明崇禎庚辰（13年）」（1640），距今2013年已373年，足證明開基天后宮的歷史是有憑有據，深遠流長。

開基天后宮
媽祖臉部特寫

開基天后宮媽
祖右手持笏

扶 手

如意形式的
紅色扶手

底 座

底座為圓形
之原始木頭

明崇禎庚辰 13 年
（1640）媽祖神像椅
背的刻記字樣——
明崇禎庚辰

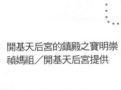

開基天后宮的鎮殿之寶明崇
禎媽祖／開基天后宮提供

開基天后宮側身照

廟宇源流與故事

開基天后宮
地址：台南市北區自強街12號
電話：06-2294911
創建年代：明鄭時期（1661～1683）

開基天后宮三川殿

開基天后宮在台南又稱為「小媽祖廟」，是相對於西定坊明寧靖王府所改建官方祀典祭拜的大天后宮「大媽祖廟」。因規模較小，且是民間百姓在祭拜的媽祖廟。冠與「開基」二字，乃表示是府城地區最早興建的媽祖廟，大門楹聯右聯寫著「天則在先，大媽祖寧為小媽祖潛越；后來居上，新璇宮豈遜舊璇宮莊嚴」，寓意廟不在比大小，香火鼎盛、莊嚴肅穆最重要。

開基天后宮清領時期是位於鎮北坊德慶溪（現北幹線）的出口處南岸，稱水仔尾，早期先民來台就是要先經過台江內海，順著德慶溪在此地方登陸、生活、奮鬥，天后宮遂成為大家精神寄託的地方，清乾隆30年（1765）知府蔣允焄捐修；乾隆42年（1777）蔣元樞任知府時，再加修建，規模擴大；日治時期保正兼董事鄭炳文發起境眾重修；民國37年再修，民國60、66年續修建；民國92重修完成，廟貌煥然一新是為現貌。

廟宇藝術與文創

三爪古龍柱

三川步口，有一對花崗石的蟠龍柱，樸拙簡練是清代早期的龍柱，龍頭稍微凸出於柱身，炯炯有神往上凝視，龍足三爪剛勁有力，龍身盤旋石柱，氣勢磅礴，線條極為優美，是石雕藝術的佳作。

開基天后宮建於清代早期之三爪古龍柱

文衡聖帝（關聖帝君）

祀典武廟鎮殿關帝

- 司職：武神、商神
- 文衡聖帝祭祀日：6月24日
- 著名廟宇：祀典武廟、開基武廟、
　八吉境關帝廳、金華府

神明來歷與鑑賞入門

　　關帝信仰在台灣的民間信仰裡非常廣泛，含蓋了儒、道、釋三教與各行業間，尊稱有武聖關公、關聖帝君、山西夫子、文衡聖帝、協天大帝、伏魔大帝、蕩魔真君。儒教奉為五文昌之一，尊為文衡聖帝、恩主公；道教奉為協天大帝、關聖帝君、翊漢天尊、崇富尊君、南天聖帝；佛教尊為蓋天古佛、護法伽藍，因顯聖於玉泉山，又稱迦藍尊者，與韋馱菩薩並為觀世音菩薩左右護法。

　　關帝爺在歷史上是真有其人，關羽字雲長，河東解良人（今山西省虞縣），與劉備、張飛「桃園三結義」，後世傳為佳話，生前最大的軍銜為「前將軍」，最高的爵位是是「漢壽亭侯」，宋代以後，關帝信仰受到重視，宋哲宗賜玉泉祠額曰

祀典武廟正殿

祀典武廟正殿

「顯烈王」，宋徽宗封「義勇武安王」；元代加封為「顯靈義勇武安英濟王」，到了明代萬曆皇帝在位時更兩次加封關羽，最後封號為「三界伏魔大帝神威遠鎮天尊關聖帝君」，將關羽封為帝君，從此以後民間遂有「關帝」之稱。

清順治皇帝更冊封關帝長達二十六個字：「忠義神武靈佑仁勇威顯顧國保民精誠綏靖羽贊宣德關聖大帝」，歷代以來，由於帝王的推崇，關羽封號從一個蜀漢「將軍」變成「王」、升為「帝」，以至「大帝」，乾隆皇帝特別的崇敬關帝，下詔所有書籍中稱關帝為「壯繆」的諡號改為「忠義」，又將神牌「敕封」二字除去，已示崇敬。關帝成了一個英勇和忠義的完美結合的典範。

《三國演義》的故事裡，關老爺俱足以下「五德」，千里尋兄曰「仁」，華容釋曹曰「義」，秉燭待旦曰「禮」，水淹七軍曰「智」，單刀赴會曰「信」。忠貞不二、義氣千秋的形象深植人心，並受到歷來的小說家、戲劇家、藝術家所綜合塑造的一個形象，成為民間家喻戶曉並被崇拜的偶像，在各行各業被膜拜。

圖解神明鑑賞

關帝的形象相當統一，下巴掛著長長的美髯，面色赤如重棗，唇若塗脂，丹鳳眼，臥蠶眉，相貌堂堂，威風凜凜，表現出文武全才、智勇雙全的形象，令人望而敬畏。

單鳳眼

關帝面色赤如重棗，唇若塗脂，丹鳳眼，臥蠶眉

祀典武廟關帝爺

冕旒 冕旒是古代天子諸侯及卿大夫之禮冠，周禮夏官弁師謂：「其制玄表朱裏，覆在頂上者謂之延，以五采繅繩，貫五采玉，垂於延之前謂旒，旒，天子十二，諸侯九，上大夫七，下大夫五。」

祀典武廟鎮殿關帝身披綠袍，屬關聖帝最醒目的招牌顏色

手持奏板

關帝由於被歷代皇帝褒封為帝級神明，所以我們在廟宇見到的關帝神像，都以其受封最高職階為依據來塑像，手持奏板朝天的關帝造型是最常見。

山西夫子神尊

讀春秋 廣大群眾因關帝的信義耿介，神威凜凜，使妖魔望風而逃，故奉之為驅邪除惡、扶正保民的大神。士人以其忠義正直，又有「山東一人（指孔子）作春秋，山西一人（指關羽）讀春秋」之稱，故奉之為道德偶像，直如仁義禮智信的化身。將士則以其神武善戰，智勇雙全，奉之為克敵制勝的武神。商賈又奉之為招財進寶的福神，稱為武財神。

祀典武廟初拜殿至正殿之空間靈逸之美

廟宇源流與故事

祀典武廟
地址：台南市中西區永福路2段229號
電話：06-2294401；06-2202390
創建年代：明永曆年間（1647～1683）

祀典武廟歷史沿革

　　祀典武廟為國定第一級古蹟，位於赤崁樓的正南方，又稱大關帝廟、武廟，清雍正5年（1727）奉旨列入祀典，祀典就是每年之春秋二祭由各級之政府官員主祀，祀以太牢（牛豬羊）、三獻之禮、六佾舞。

　　祀典武廟創建於明永曆年間（1647～1683），在清康熙29年（1690）開始有重修之記錄，康熙55年台廈道陳璸重修，乾隆42年蔣元樞重修。乾隆51年的林爽文事變，聖帝大顯神威，助戰顯靈護國佑民，有碑為證，當時知府楊廷理在廟內三川殿右壁的〈重修郡西關帝廟碑記〉描述當時的歷史場景：「每賊眾犯城時，輒聞廟中金鼓聲隱隱，似有數萬甲兵出而撼賊為我民呵護者，而城獲全，則神有功於茲城也大

矣，迨大學士嘉勇公福公康安抵台掃逆，蕩滌海氛……嗚呼！神有功於國，有德於民，非一世矣，而往往於急難危迫之時，呼號莫之救，而神若儼然立乎其上而指麾之者……」。

日治明治39年（1906）再次重修，遇實施市街改正，為拓寬永福路，武廟剛好在路中，但因信仰問題，道路也只好自動轉折，形成台南第一條歪曲路。

常聽到有句話：「山東一人作春秋，山西一人讀春秋」，明清以來自京都到各府州縣，都會建有文廟，也必建有武廟，象徵文治武功兼備之意，一府一縣之地，大部分都只有一座孔子廟，而關帝廟往往比較多。

建築特色

祀典武廟坐北朝南，是一座三開間、三進兩廊式的廟宇建築，最大的特色是倚著永福路長達55公尺的朱紅色山牆，集傳統建築之形式於一身，由「山川燕尾」到「硬山馬背」、「歇山」、「歇山重簷」、到「硬山燕尾」，高低起伏、線條優美，藉此來分別尊卑秩序，讓人一目了然，傳統建築之美在此表現的一覽無遺。

祀典武廟長達55公尺的朱紅色山牆

府城名匾之「大丈夫」

清乾隆59年（1794）由台澎兵備道楊廷理所獻，其詞取自孟子藤文公篇：「富貴不能淫，貧賤不能移，威武不能屈」之謂大丈夫也。

祀典武廟秋祭武聖篇

《安平縣雜記》官民四季祭祀典禮篇中記載：

官祭者有上祀、中祀、群祀之分（上祀設樂備物，中祀祭以太牢，群祀祭以少牢），就台灣而

府城名匾「大丈夫」

論：先師孔子廟、文昌廟、武聖關帝廟，上祀也；天后宮，中祀也．餘若火神廟、風神廟、龍王廟、海神廟、興濟宮、呂祖祠、五子祠、延平王祠、府縣城隍廟、昭忠祠、名宦祠、鄉賢祠、忠義、孝悌、烈女、節孝以及高公、洪公、王公、唐公專祠、社稷壇、風雲雷雨山川壇、先農壇、南北二壇，均在群祀之列。

　　府縣都邑之中，必有一座祀典武廟，春秋二季，設祀於此，千百年來，國家訂有祀典，由各級政府官員主祀，太牢之奉，三獻之禮，隆重肅穆，亦如祭孔，武廟完全採用了祭孔的祀典，國曆9月28日孔廟釋奠禮祭完，原班人馬，國曆9月30日至祀典武廟秋祭武聖。祭武聖之前先祭關帝先祖，由武廟的委員擔任。

三代廳

　　清雍正元年（1723），清帝加封孔子五代祖先為「王」，在大成殿後建啟聖祠。享受春秋祭祀；對武聖關公的祖先，當然也不能漠視，清雍正3年（1725）對其曾、

1. 祀典武廟秋祭啟扉、排班　　　　3. 文廟以成書院院生擔任樂生
2. 祀典武廟秋祭祀以太牢（牛豬羊）　4. 成功國小學生表演六佾舞

| 1 | 3 |
| 2 | 4 |

祖、考三代敕封為三代公爵，敕封關帝曾祖為光昭公，並製神牌，供奉於後殿三代廳，清咸豐5年（1855），又加封三代為「王」，曾祖光昭公為光昭王，祖裕昌公為裕昌王，父成忠公為成忠王。

2013 武廟秋祭武聖儀典

　　祀典武廟一年一度的秋祭大典，於國曆9月30日清晨7時展開，祭典程序先後由啟扉、排班、班齊、執事者各執其事，接著樂舞生、糾儀官、陪祭官、正獻官各就其位，毛血、迎神；正獻官、陪祭官面向大門全體肅立行三鞠躬禮；上香、奠、帛、爵行初獻禮，讀祝文時眾官皆禮；然後行分獻禮、亞獻禮、終獻禮、飲福受胙、徹饌、送神，全體行三鞠躬禮，望燎、燎、復位、闔扉、禮畢，樂舞生退班，禮成，典禮歷時近一小時。

1. 祀典武廟三代廳，其建築一如普通平房，是奉祀關公三
   代祖先的地方
2. 關帝先祖三代神位
3. 台南市長賴清德擔任正獻官，武廟副主委林培火擔任
   分獻官、台南各機關首長、軍方代表等出席
4. 飲福受胙
5. 望燎

1	2
3	4

5

信仰源流延伸考

八吉境關帝廳
關帝爺

・司職：武神、商神
・關帝廳・關帝爺祭祀日：5月13日
・著名廟宇：祀典武廟、八吉境關帝廳、金華府

圖解神明鑑賞

八吉境關帝廳源自清康熙年間，建於台南府城西定坊台灣巡道署左畔（即今永福國小學校附近）。廳殿內關帝爺紅潤臉龐、青藍色官帽，顏色對比強烈；關帝爺的手勢也有特殊的表現形態，皆值得細細觀賞。

八吉境關帝廳關帝爺紅潤臉龐、青藍色官帽，顏色對比強烈

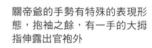

關帝爺的手勢有特殊的表現形態，抱袖之餘，有一手的大拇指伸露出官袍外

八吉境關帝廳關帝爺神尊，撩起長鬍鬚後，得見關帝爺的胸腹特寫，是極為珍貴的鏡頭

八吉境關帝廳關帝爺神尊坐姿威嚴

廟宇源流與故事

八吉境關帝廳
地址：台南市中西區友愛街40巷11號
創建年代：清雍正元年（1723）

　　八吉境關帝廳源自清康熙年間，建於台南府城西定坊台灣巡道署左畔（即今永福國小學校附近），廟宇坐北向南，清雍正元年（1723）經台灣巡撫道台吳昌祚修建。

　　清乾隆44年（1779），獲台澎兵備道張棟頒「浩浩其天」匾一面，現懸掛於正殿頂上。至清乾隆58年（1793）復經台灣巡撫道台金溶及地方仕紳黃鐘岳共同發起整修。清光緒20年（1894），因甲午戰爭烽火波及毀損。日本領台後，被充為官員宿舍之用，日昭和4年（1929），由於市街改正，遷建於「講古腳」即今現址，當時由管理人許廷光、黃欣、黃允見、林子章、楊考墩等五人，設法將帝廳拆除後之材料，一半分去文昌祠，一半移來現址，後來再由陳桂林、吳應清、紀廷瑞、李用希、卓才、沈永得、許太平、朱添財、楊黃美等善信鳩資興建，並將講古腳觀音閣觀世音菩薩、八吉境東轅門土地公廟福德正神合祀於現址，即今八吉境道署帝廳奉祀神尊之由來。

八吉境關帝廳關帝爺

金華府 關帝爺

司職：武神、商神

金華府‧關帝爺神誕日：1月13日

著名廟宇：祀典武廟、八吉境關帝廳、金華府

信仰源流延伸考

圖解神明鑑賞

神農街金華府初由北勢街許姓境民共七十餘人合力捐款興建，主祀文衡聖帝（關帝爺）、李王爺、馬王爺、黃王爺、福德爺。廟宇建築簡單古樸的原始風貌，是僅存少數清朝木構街屋形式。金華府關帝爺神尊已可見時間斑駁的痕跡。

金華府關帝爺側面可見時間斑駁的痕跡

金華府關帝爺斑駁的身衣服飾

右手執玉帶，神態鎮定威嚴

金華府關帝爺

金華府關帝爺背面

廟宇源流與故事

金華府

地址：台南市中西區神農街71號
創建年代：清道光10年（1830）

　　神農街古名北勢街，在康熙59年（1720）陳文達的《台灣縣志》中已有記載，創始於清道光10年（1830），香火源於泉州石獅鳳山鄉，初由北勢街許姓境民共七十餘人合力捐款興建，主祀文衡聖帝（關帝爺）、李王爺、馬王爺、黃王爺、福德爺。同治13年（1874）由於神威顯赫，信眾日多，仍由境眾許修德捐資300元，購買現址對面房屋，加以重新整修，移請奉祀。光緒14年（1888）同街許姓境眾再行捐金重修一次。日大正2年（1913），由保正許藏春大德任發起人，遷移於現址重建，共費金493元，於該年12月21日竣工。

　　民國35年管理人許炳煌、許嘆、許永源里人等發起捐款舊台幣40萬元重修成現今格局。民國36年加雕大尊李府千歲。民國39年增塑鎮殿關帝爺並增建後殿，之後亦有局部修繕。民國91年12月因「保存古樸原貌及為府城僅存少數清朝木構街屋型式之廟宇」獲市政府指定公告為市定古蹟，是台南市裡少數命名為「府」的廟宇。民國99年重修完成，保存光復初期簡單古樸的原始風貌，實為府城僅存少數在傳統街道上，以街屋形式興建的宮廟。

左圖：金華府內鎮殿關帝爺神尊，供奉年代亦久遠

右圖：金華府內其他關帝爺神尊，手持奏板，頭戴官冕垂旒

祀典武廟 關平將軍

圖解神明鑑賞

關平，民間尊稱為「關平太子」、「關平將軍」、「靈侯太子」。關羽身邊配享祭祀常有二人，右邊白臉秀氣，手捧「漢壽亭侯印」的就是關平太子。關平少時喜愛弓箭騎術，以忠義自許，個性冷靜沉著，隨父征戰，後來被吳軍擊敗，他與父親關羽一同被俘，在臨沮被孫權所斬。

司職：武神、商神

關平將軍神誕日：農曆5月13日

著名廟宇：祀典武廟、八吉境關帝廳、金華府

關平神尊臉部造型，隆鼻大耳，臉型方圓福態

歷史小說《三國演義》中的關平，少時喜愛弓箭騎術，經常勤練不輟

關羽之子──關平將軍神尊

手勢

雙手交握成抱袖（壽）體

金華府

關平將軍

金華府關平將軍

神明來歷與
鑑賞入門

關平（178～210），是「關羽」之子，名平，字坦之，民間尊稱為「關平太子」、「關平將軍」、「靈侯太子」。據清馮景《關侯祖墓碑記》及道教書文《關聖太子寶誥》之記載，關平生於光和元年戊午（178）五月十三日，河東解（今山西運城）人，由於關羽死後被封為神，在明清時期崇拜非常興盛，關帝廟宇之多為京城的廟宇崇祀之冠，關羽身邊配享祭祀常有二人，右邊白臉秀氣，手捧「漢壽亭侯印」的就是關平太子，左邊黑臉粗壯，仗著青龍偃月刀的就是周倉將軍。

正史《三國志》提到，關公有二子一女。長子「關平」，隨父征戰，後來被吳軍擊敗，他與父親關羽一同被俘，在臨沮被孫權所斬；次子關興，年少有為，深得諸葛亮器重，做到了侍中、中監軍的職位，可惜英年早逝。在元末明初羅貫中之歷史小說《三國演義》中，關平則是關羽在戰亂中所收之義子，親父名為關定，有一親兄名為關寧，劉備讓關羽與關平結為義父子。自此關平隨侍在關羽左右，追隨其東征西討，出生入死奔戰沙場。

《三國演義》中的關平，少時喜愛弓箭騎術，經常勤練不輟，事親至孝，以忠義自許，個性冷靜沉著，多次勸阻其父衝動之舉，其膽識過人，不遜乃父，征戰沙場，為國犧牲。宋徽宗時，封「武陵侯」，南宋寧宗加「威顯」，今稱「武陵威顯侯」。

信仰源流延伸考

圖解神明鑑賞

周倉尊稱周大將軍，為關羽的副將，是
關聖帝君的貼身侍衛。一般周倉的造型
多採立姿，是黑臉短鬚，大眼圓
突，頭戴武將盔帽，身穿甲冑，
右手執關羽的青龍偃月刀，臉
露威風凜凜的神色。

・司職：武神、商神
・周倉將軍神誕日：農曆10月30日
・著名廟宇：祀典武廟、八吉境關帝廳、金華府

周倉將軍神態，
兩眼炯炯有神，
手持關刀

周倉將軍神尊背影

刀柄有「花街順
安號叩」刻字

周倉將軍神尊

金華府 周倉將軍

神明來歷與鑑賞入門

　　周倉尊稱周大將軍，為關羽的副將，是關聖帝君的貼身侍衛。一般周倉的造型多採立姿，是黑臉短鬚，大眼圓突，頭戴武將盔帽，身穿甲冑，右手執關羽的青龍偃月刀，臉露威風凜凜的神色。

　　周倉是元末明初羅貫中之歷史小說《三國演義》中的人物，周倉之名，不見於陳壽撰寫的正史《三國志》中，亦不在稍晚成書的《華陽國志》，在《三國演義》中的形象是身材魁武高大、黑面虯髯，虎背熊腰，兩臂有千斤之力的關西大漢，本是黃巾賊地公將軍張寶麾下之將軍，後來黃巾潰敗，他盤據臥牛山為寇，被劉備率領之軍降服後，關羽千里尋兄單騎尋找劉備之時，周倉得知關公路過，面見時請求隨侍左右，與廖化一同成為關羽的部下，同關公征戰，終其一生。

　　曹操意欲奪回荊州遂派于禁為大將，龐德為先鋒，與關公大戰於樊城。關公智取水淹七軍大敗于禁，周倉在水中生擒龐德，但最後關公被東吳所詐，兵敗避走麥城遇害，周倉於城上見關羽首級，也跟著自刎而死。對關羽忠心不二、在生護主大義忠貞的形象，往後的各種民間傳說中，周倉均以關羽護衛的副將形象出現，在各地的關帝廟中，關羽神像的兩側也經常供奉周倉、關平（關羽之子）的神像。

金華府
周倉將軍

　　《山西通志》：「周將軍倉，平陸人，初為張寶將，後遇關公於臥牛山，遂相從，於樊城之役生擒龐德，後守麥城而死。」目前在山西運城地區，還有一些規模龐大的周倉廟。宋徽宗封周倉為「寧威將軍」，明神宗封為周倉「威靈惠勇公」。

文昌帝君

第一層單尊軟身孚佑帝君

- 司職：文運之神
- 梓潼帝君：農曆 2 月 3 日
- 文衡聖帝：農曆 6 月 24 日
- 孚佑帝君：農曆 4 月 14 日
- 魁斗星君：農曆 7 月 7 日
- 朱衣星君：農曆 9 月 15 日
- 著名廟宇：台南祀典武廟文昌殿、
  天壇文昌殿、開基玉皇宮

神明來歷與鑑賞入門

　　西社是昔日文人在此吟詩作對的地方，位於祀典武廟觀音殿的右側，清代府城原有五大詩社「東社在彌陀寺、南社在法華寺、西社在祀典武廟、北社在黃蘗寺、中社在奎樓書院」，這五社為昔日府城詩人聚吟的詩社。西社供奉文昌帝君，為府城士子以文會友之所，也是府城重要的文藝中心。是位於祀典武廟內的西社，裡面奉祀有五文昌「梓潼帝君、文衡聖帝、孚佑帝君、魁斗星君、朱衣星君」。

朱衣星君

又稱「朱衣夫子」，相傳此神著紅衣，能細辨文章的優劣。「文章自古無憑據，惟願朱衣暗點頭。」亦有廟宇將「朱衣夫子」認為是「朱熹夫子」

孚佑帝君

又稱「純陽帝君」是呂洞賓真人，據傳呂真人時常護佑應考的士子

梓潼帝君

又稱「文昌帝君」，據傳是晉代的殉國將領張育，原本是四川梓潼地區的鄉土神，被認為保護文運與考試的神明

文衡聖帝

又稱「關聖帝君」，忠義參天，喜讀春秋，據傳是朱衣神靈轉世化身，專管文學，協管文昌武曲之事

魁斗星君

又稱「大魁夫子」，因為奎星「屈曲相鈞，似文字之書」，被認為是主宰文運之神

圖解神明鑑賞

朱熹（1130年～1200年），南宋江南東路徽州婺源人（今江西婺源）。字元晦，一字仲晦，號晦庵，晚稱晦翁，又稱紫陽先生、考亭先生、滄州病叟、雲谷老人，諡文，又稱朱文公。南宋理學家，理學集大成者，尊稱朱子。朱熹理學成為官方哲學，元代恢復科舉後，朱學被定為科場程式，在明清兩代被列為儒學正宗，在中國儒學史上，朱熹理學的作用和影響力僅次於孔子。

頭戴藍帽軟巾，
斯文秀氣貌

服肚繪
有龍紋

右手持如意

身穿紅服，
左袖垂於腿前

朱文公祠朱文公神尊

孔子廟文昌閣
外觀，是三層
樓的建築

廟宇源流與故事

上圖：文昌閣2樓之朱文公
下圖：文昌閣3樓之魁星爺

孔子廟文昌閣
地址：台南市中西區南門路2號
電話：06-2138752
創建年代：明永曆19年（1665）

台南孔子廟又稱文廟、先師廟。於明永曆19年（1665）由鄭經的諮議參軍陳永華，希能「設立學校，教育人民，為國舉才，以培育國本」所倡建，位於東寧天興州鬼仔埔上創建先師聖廟，旁置明倫堂，為台灣最早創設的孔子廟，也是台灣唯一的公立學校，所以敢稱是「全台首學」，廟的規制是左學右廟，左邊是學校，右邊是孔子廟。

文昌閣又名魁星樓，為清代的最高建築之一，為昔時攬勝的最佳地點。位於孔廟東北角的文昌閣，是三層樓的建築，一樓的造型為方形，二樓的造型為圓形，內祀朱文公，三樓的造型是八角形，內祀魁星爺，可能取材自「天圓地方」，易經的太極生兩儀，兩儀生四象，四象生八卦。寓意孔子的道德學問德被八宇。教我們做人做事要有原則與規矩，處事要能圓融，如此才能八面玲瓏。

西羅殿二鎮保安廣澤尊王神尊

西羅殿
保安廣澤尊王

- 司職：抓鬼驅魔、泉州移民守護神
- 神誕日：2月22日、
　　　　　8月22日（成道）
- 著名廟宇：西羅殿、永華宮

神明來歷與鑑賞入門

　　保安廣澤尊王，為閩南地區的福神。民間又稱廣澤尊王、保安尊王、郭聖王、聖王公、郭尊王、郭王公、郭應公、蹺腳仔。封號全銜為「威鎮忠應孚惠威武英烈保安廣澤尊王」。也是郭氏宗親的祖師爺。

　　廣澤尊王俗姓郭，乳名乾，諱忠福，誕生於五代後唐同光元年（923）2月22日卯時，為唐朝名將汾陽王郭子儀數傳至嵩公始遷於泉州的後代子孫，為福建泉州安溪縣清溪村人，在世以「孝感動天」聞名，16歲時，後晉天福戊戌年（938年）蛻化成神，成道後以「神威顯赫、護國庇民」著稱。

　　尊王在世以孝為首、尊親愛民，留下「孝忠仁義」四大典範。

西羅殿太王

西羅殿六太保

　　葬塋祭塋，為其孝也。

　　救火護國，為其忠也。

　　蕩寇綏民，為其仁也。

　　不忘故主恩，而使附祀於塋為其義也。

　　由於保安廣澤尊王，是在16歲時昇天成神的，所以祂的神像造型，都是以少年的面貌出現，頭戴官帽，眼睛睜大，或以凸眼來表現；身著蟒袍，右腳呈現如翹腳的樣子，這是因為其坐化昇天時，母親不捨拉下祂的左腳之緣故。所以保安廣澤尊王的神尊形塑，都以年輕、大眼、意氣風發、帶有威嚴的形象來表現。

圖解神明鑑賞

目前在西羅殿的30柱神明會中，要參加者幾乎都沒有姓氏別的限制，只要柱主（發起人）同意即可，惟獨要參加老王柱的人，仍堅持必須是郭姓宗族二房三（郭姓宗親共有六房）的族人才能參加，算是保存郭家僅存的一脈法統。

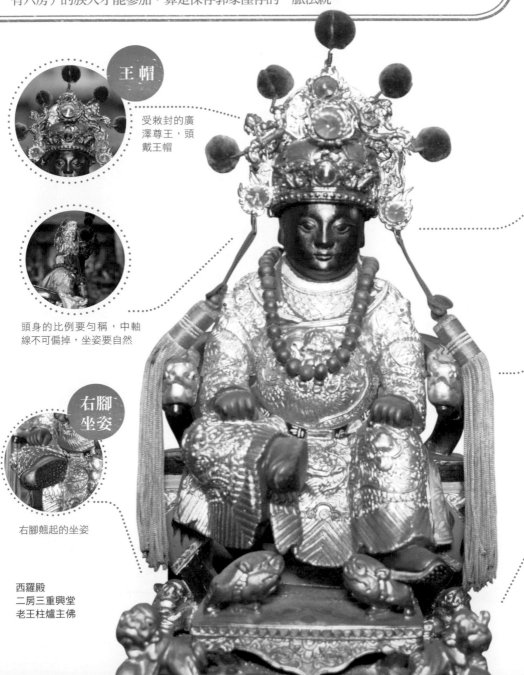

王帽

受敕封的廣澤尊王，頭戴王帽

頭身的比例要勻稱，中軸線不可偏掉，坐姿要自然

右腳坐姿

右腳翹起的坐姿

西羅殿
二房三重興堂
老王柱爐主佛

臉部

又大又圓
的眼睛望
向遠方

神像的坐姿身形，必須坐得四平八
穩、取得平衡感為最佳

坐姿四平八穩，雙手平
放，一腳盤起，如打坐
模樣

廣澤尊王側身神尊，椅座是刻有八
隻獅子的「八獅椅」

椅座是刻有八隻獅子的「八獅椅」

西羅殿觀大駕活動，「大輦」是
神明出外巡狩綏境靖安「辦公事」
乘坐的轎子

廟宇源流與故事

西羅殿
地址：台南市中西區和平街90號
電話：（06）2285354
創建年代：清康熙57年（1718）

　　本廟創始於清康熙57年（1718），昔稱鳳山寺、聖王公館，日治時期改稱西羅殿至今，現在的位置是清雍正元年（1723）建的「大西門」遺址。奉祀主神為保安廣澤尊王，最初由福建省泉州府晉江縣石獅市前坑村的郭姓六房宗族，奉祀他們的祖佛郭聖王及部將陳欽差、黃太尉，自福建省遷渡來台，在當時的南河港畔、南勢街一帶落腳，廣澤尊王有「太保」的稱呼也是郭家從原鄉所帶來，是代表尊王的分靈，但在大陸是稱為「太子」，後人有不知其義者，遂有訛傳稱太保為聖王所生之子的說法，目前台灣有廣澤尊王幾太保分靈稱呼者，皆由西羅殿所肇基而發揚出去的。清光緒8年（1882）、日大正3年（1914）、昭和元年（1916）、民國37年、民國52年、民國76年均有修建，目前全省從西羅殿分靈廣澤尊王的宮廟神壇超過一千間。

觀大駕

　　「觀大駕」是西羅殿最重要的活動之一，大駕早期稱「大輦」，也稱神祕轎。由前後四人所肩扛的籐製神轎，是神明出外巡狩綏境靖安「辦公事」乘坐的轎子，配合「問事」之人，會以前進後退來表示是、否之意，以快速輕便敏捷著稱。

　　西羅殿的大駕以驅邪治鬼名聞全台，也是台南地區的起源，早期先民回大陸謁祖

進香，神明就是乘坐此種神轎。扛大駕的轎班都必須經過特殊的訓練後，才由聖王公定籤，方可上任。當神明出外「辦公事」之時，隨行的人員不可直呼真實姓名。

轎班

西羅殿轎班先人祭

在台南廟宇界提起西羅殿的轎班，以驃悍有力著稱，個個身強體壯，扛轎抬頭挺胸、氣勢非凡，配合整齊劃一的腳步與節奏感，可是無人不知無人不曉，更彰顯出保安廣澤尊王的威風凜凜、英姿煥發、神威顯赫的年輕形象。從早期的郭姓宗族到苦力出身的碼頭工人，到現今轎班人員，最大的特色他們都是廣澤尊王的忠實信徒，在這裡可以看到老中青三代的人，轎班是一直傳承下去的，幫自己信仰的主公扛轎更顯出宗教信仰的堅貞，抬起轎來有自信有快樂有感恩，一幅天人合一的景象油然而生。

南市獨有的轎班先人祭

西羅殿封塋祭祖牲禮

宗教信仰貴在能教忠教孝，西羅殿的轎班，都是義務幫忙，凡是登記為轎班成員，往生以後，將可列名於先人榜，於農曆2月21日、8月21日上午接受信徒禮拜與祭祀，勉懷先人慎終追遠之追思情懷，令人倣尤。轎班祭拜先人，後輩禮拜前輩，這種情懷令人感動，喜歡到西羅殿看熱鬧的朋友可別錯過這一幕，就在廟前龍邊的小館。西羅殿的信徒廣泛，不止男轎班出名，女轎班也不遑多讓，有恩媽（妙應仙妃）的女轎班。

封塋祭祖

封塋祭祖，「封，皇帝敕封；墓地曰塋」。封塋祭祖就是信眾迎王駕，代替尊王以子之儀立言，向其父母（太王、太妃）掃墓祭祖之意，是孝道的延伸，也是信仰的昇華。

神像頭綁白、藍帶封塋祭祖，就是信眾迎王駕，代替尊王以子之儀立言，向其父母（太王、太妃）掃墓祭祖之意

西羅殿自康熙年間以來，每隔三年就回大陸祭祖及謁祖進香，直到台疆封鎖兩岸交惡始中止。民國80年起，兩岸關係改善，恢復往大陸清溪梓里主祭封塋暨鳳山寺謁祖進香，開啟台灣的分靈廟宇回中國謁祖進香之風氣。

保安廣澤尊王一生大節，惟孝為首，其孝以葬塋祭塋為大，祭封塋遵照清《會典／王祭儀》，一切祭品、祭儀務求隆重完備。

尊王之父──稱太王

尊王之母──稱太妃

祭前主祭官、陪祭官齋戒，前一夜黎明出發，恭請王駕啟行，是夜聚蹕墓庵，卯時，承祭官著朝服，請王駕北向，行古禮祭拜。

1. 先祭楊長者

2. 再祭后土神

3. 終祭太王、太妃

西羅殿奉旨南巡的一件神奇插曲

民國68年西羅殿廣澤尊王出巡到屏東枋山，庄頭的人風聞聖王公來到，都會出來跪在地上躦轎下祈求聖王公的庇佑，那時在隊伍之中有一16歲的年輕人卻獨被大駕挑出來，瞬時馬上嚇到尿濕褲子，因為大駕發覺他是有異樣的，馬上就押著他回到家裡解決問題。原來此一年輕人被海邊陰魂卡到已有多年，各地求神問卜都沒有

效果，在聖王公未到的一個禮拜前，在當地山上就有一位和尚來告知他的家人說：此年輕人有救了一個禮拜後，將有一位大神會從這裡經過，你們可要把握機會。也因此大駕以迅雷不及掩耳的速度，追到他家並衝向附近的海邊與陰魂

廣澤尊王擅驅鬼西羅殿大駕親征屏東於枋山海戰一景

激戰，海浪沖天一場神鬼大戰激起千萬重浪花，大駕在海邊忽東忽西，手轎在水中忽上忽下，黑旗在空中大力揮舞，戰況之激烈讓人驚心動魄，宛如一場神鬼交鋒的電影，聖王公神威顯赫果然名不虛傳，最後將那些擾亂的陰魂處以重典，炸油鼎侍候，讓枋山社里恢復平靜，合境平安。

廟宇藝術與文創

　　主祀保安廣澤尊王的西羅殿，出品的文創祈福品以廣澤尊王小神像和廣澤尊王Ｑ版鑰匙圈最具人氣。廣澤尊王小神像，以金身打造，營造非凡尊身，吸引信眾眼光；而廣澤尊王Ｑ版鑰匙圈，則以可愛俏皮的造型搶攻年輕族群，趣味中不失信仰文化，是近年廟方另類的形象宣傳方式。

廣澤尊王小神像，以金身打造

廣澤尊王Ｑ版鑰匙圈，可愛的神情令人愛不釋手

永華宮
鎮殿廣澤尊王

圓潤飽滿的臉形，配上
睜眼大鼻

永安華宮鎮殿廣澤
尊王右手持摺扇

永華宮鎮殿廣澤尊王
左手披布巾

永華宮廣澤尊王

永華宮正殿保安廣澤尊王

廟宇源流與故事

地址：台南市中西區府前路1段196巷20號
電話：06-224-2319
創建年代：明永曆16年（1662）

　　全台永華宮奉祀開基廣澤尊王，源自於明永曆16年（1662）鄭成功諮議參軍陳永華由福建南安鳳山寺隨軍恭迎來台，奉祀於台南「山仔尾」（今台灣銀行、省南女一帶），時為南門內之「鳳山寺」。

　　清乾隆年間本區陳守娘，含冤自盡，陰魂不散，里人恐慌，幸賴尊王神威鎮壓幽魂，地方始得安寧，信眾為感神威顯赫護佑軍民，遂於清乾隆15年（1750）倡議捐資建新廟，同時感念陳永華參軍恭迎尊王來台及對地區之貢獻，故命廟名為「永華宮」。

　　日治大正14年（1925）遷移至孔廟對面的巷內；民國35年重建；民國47年重修；民國78年為紀念陳永華參軍創建永華宮及對台之貢獻，因而雕刻陳永華之神像；民國93年重建完成並舉行建醮大典。

廟宇藝術與文創

　　永華宮的祈福商品也能跟得上當今時潮的腳步，近年流行的側背隨身小書包也在文創商品之列，貼近年輕人的想法，頗有親民作風。

1	2
3	4

1. Q版廣澤尊王書包
2. 廣澤尊王許願牌
3. 廣澤尊王令旗
4. 廣澤尊王香火袋

普濟殿法主公神尊

法主公

- 司職：法力之神
- 法主公聖誕千秋日：農曆7月23日
- 法主公聖誕（台南）：農曆3月18日
- 著名廟宇：普濟殿

神明來歷與鑑賞入門

　　張公法主，全稱為都天蕩魔監雷御史張聖法主真君，又名張府聖君、法主聖君、都天聖君，張公聖者、張聖君、張真君、都天法主、監雷御史、普濟真人等，俗稱為法主公，民眾認為張公法主職司監雷，法力高強能降魔伏妖。

　　法主公的來歷相當多元，在中國福州、永泰、仙遊、德化、永春、安溪等地區相當盛行，主要有德化石壺殿主祀張慈觀、蕭明、章敏三法主；永春龍山岩主祀張慈觀、章朗慶、蔫朗瑞三法主；閩清金沙堂主祀張真君、蕭真君、連真君。各地的祀神組合不同，卻多以張公法主或張聖君為主神，為法主公信仰的核心神祇。另一說張公聖者為五營（東、南、西、北、中）神將中掌管東營的主帥張聖者，依序南營主帥是蕭聖者、西營主帥是劉聖者、北營主帥是連聖者，中營主帥則是哪吒太子李元帥，「張、蕭、劉、連」四聖者，即是法主公的結義四兄弟。

　　相傳張聖君歷史上確有其人，生於北宋，北宋間的《春渚紀聞》、《泊宅編》已

普濟殿法主公拜殿

有張真人的故事記載,在南宋時得到封號,最初名叫張聖者或張聖,後來慢慢演變成張慈觀,張自觀,祖籍福建永泰盤谷。據淖熙《三山志》記載,他曾在福州雙峰寺剃度出家,法名圓覺。在世時有神通,能除妖伏魔。清高宗乾隆年間所著的《德化縣誌》載:「煉性於蕉溪山石鼓岩,見石牛山夜火晶熒,知有魑魅,因往其處。魅方於人家迎婦,輿徒甚盛。觀出掌,令人從指縫窺之,魅悉現形」。

　　法主公信仰在清中葉以後,隨安溪閩南人傳入台灣,以台北最為盛行,也是台灣茶商供奉的守護神。在台南受到閭山法教的影響,被稱為閭山法主。法力高強的法主公在民間信仰裡受到學法之人的尊崇與愛戴,高雄市美濃區則是客家族群信奉法主公的主要地域。

圖解神明鑑賞

相傳法主公在世時有神通，能除妖伏魔。清高宗乾隆年間所著的《德化縣誌》載：「煉性於蕉溪山石鼓岩，見石牛山夜火晶熒，知有魑魅，因往其處。魅方於人家迎婦，輿徒甚盛。觀出掌，令人從指縫窺之，魅悉現形」。

聖君廟法主公睜大的雙眼似要看清一切

聖君廟法主公胸前穿戴大粒串珠、手打結印，象徵法力強大

聖君廟法主公雙手的結印手勢

聖君廟法主公神尊

良皇宮法主公　　　　　　　　聖君廟法主公

廟宇源流與故事

普濟殿聖君廟
地址：台南市中西區普濟街79號
電話：06-2268774
創建年代：清光緒末年

　　在日治時期的台南第一張的地圖「台南府迅速測圖」（明治29／1896年完成），在圖內的西門城外通往普濟殿的路上，就有一條聖君廟巷的出現，可推測聖君廟應該在清末時期已有宮廟的規模，因隱逸在巷弄之間，才會以廟名來取巷名。

　　普濟殿創建於明鄭時期（1661～1683），主祀神明：池府千歲、觀音佛祖，原稱「普濟廟」，為坐南朝北之單殿式建築。傳聞南明寧靖王朱術桂經常遊憩本廟，故而賜名為「普濟殿」。座落於府城西北，臨近五條港地區，自古以來商旅雲集、人文薈萃。清康熙25年（1686）初次重建落成，方向為坐北朝南，清乾隆11年（1746）石文耀等人曾發起重修。嘉慶22年（1817）石克纘等人再度發起重修，當時住持僧邇蓮禪師出錢購得本殿右側土地加蓋偏殿，於清嘉慶24年（1819）落成，奠定本殿往後之一本殿一偏殿的基本規模。

　　此後又於咸豐、同治、光緒、日明治32年（1899）、大正12年（1923）數度重修。日昭和17年（1942）粗糠崎土地公廟遭廢，神像合祀入廟。民國34年光復後由李吉發起重修；民國38年建立四垂亭；民國55年後聖君廟法主公神像也合祀入廟內；民國66年再修；民國93年重修並重建佛祖廳為坐南朝北建築，廳內法主公居前殿，觀音佛祖坐後殿，是為現貌。

台灣府城隍爺

台灣府城隍爺

- 司職：行政司法之神
- 府城隍爺神誕日：4月20日
- 著名廟宇：台灣府城隍廟

神明來歷與鑑賞入門

　　在古代，中國各地的城市都建有城隍廟，在台灣也無例外，「城隍」一詞，最早出現於《周易》：「城復於隍，勿用師」，《禮記‧郊特牲》載：「天子大蜡八，水庸居其七」，古代天子於歲末都必須舉行祭祀典禮，稱為大蜡，「祭有八神：先嗇一、司嗇二、農三、郵表畷四、貓虎五、坊六、水庸七、昆蟲八」，水庸排名第七，水既是隍，庸則是城，城隍是由「水庸」演化而來，有水的護城壕叫「池」，沒有水的護城壕叫「隍」，天子希望城池能夠鞏固而祭之，城隍原是自然神的崇拜，進而轉換成官民崇拜的城市守護神，這是祭祀城隍的由來。

　　最早出現於文獻的城隍廟記載是在三國時吳國赤烏2年（239年）的蕪湖城隍廟，隨著城隍爺能顯靈佑軍護民的傳播，在唐朝時城隍信仰已相當普遍，且已具有掌

台灣府城隍廟正殿

管陰間之職能，亦有忠賢名臣有功於地方，逝世後，在當地被立為城隍爺奉祀，在史冊上被記錄的有會稽城隍龐玉、南寧、桂林城隍蘇緘、杭州城隍周新、北京城隍楊椒山等。

　　明朝朱元璋對於城隍甚尤篤信，認為城隍為陰間之地方官，應與陽間的行政官署功能是相同，遂封京都的城隍廟為天下都城隍──「明靈王」，府城隍為──「威靈公」，州城隍為──「靈佑侯」，縣城隍為「顯佑伯」。

　　清朝禮制，凡新到任之府州縣之官員，必先到城隍廟謁告再履新，似乎在告知為政者，「舉頭三尺有神明」、「人在做天在看」，且每月初一、十五必至廟裡焚香祭拜，每年春秋二祭，由此可見府城隍廟在當時社會的重要地位。

圖解神明鑑賞

鎮殿府城隍爺是泥塑神尊，高居殿堂之上，正襟危坐，手持奏版，明鏡高懸，大公無私，燮理陰陽，主掌人間善惡禍福。

臉 部　府城隍爺雙眼微閤，目視低垂，庇佑蒼生的神貌

台灣府城隍廟城隍爺
頭戴有鑲嵌珠寶、精
工細緻的官帽

台灣府城隍廟城隍爺身著
龍圖披風

台灣府城隍廟城隍爺左側

台灣府城隍廟城隍
爺雙手持舉奏版

手部 原本紅潤的手部膚色，
經年累月的香燻下，已
經變得烏黑

台灣府城隍廟城隍爺右側

台灣府城隍廟正殿

廟宇源流與故事

台灣府城隍廟

> 地址：台南市中西區青年路133號
> 電話：06-2237316
> 創建年代：明永曆23年（1669）

　　台灣府城隍廟，相傳明永曆23年（1669）建於東安坊，是全台灣第一座的城隍廟，坐北朝南，清乾隆24年（1759）經知府覺羅四明重修後才有戲台、頭門、前殿、正殿、大士殿、兩廊兩廂的縱身建築，乾隆42年（1777）再經知府蔣元樞擴大修建，並留下「重修府城隍廟圖碑」石碑，是三開間三進雙護龍的閩南式建築，其後嘉慶、道光、日治昭和12年（1937）、民國66年、民國86年均有重修，是為現貌。

廟宇藝術與文創

府城三大名匾之一「爾來了」

　　進入廟內抬頭一望「爾來了」三個字（府城三大名匾之一），好像司法官員以相當嚴肅的口氣在問候你，讓你不得不誠實以待，七爺八爺處的楹聯「作事奸邪盡汝燒香無益，居心正直見我不拜何妨」，更直接挑明了「若不作虧心事，半夜不怕鬼敲門」之意境，大算盤更算盡了人間的是非善惡，到此一目皆了然，絕對是公平正義，可真謂「法網非非，疏而不漏」，透露出傳統陰廟的威赫警世的宗教意境。

　　城隍爺兩側的二十四司是如同現代的行政院長之各部會首長，各有所司，各司其職，協助城隍爺辦事，考季一到學政司與考功司，更是一般學子與公務人員爭相祈求的對象。

大算盤加減乘除，計算人間善惡是非

台灣縣城隍爺

信仰源流延伸考

圖解神明鑑賞

全台首邑縣城隍爺敕封顯祐伯，前殿中堂謝范將軍、衙役捕快在前，呈現官府衙門氣勢。城隍爺位於正殿，鎮殿縣城隍是罕見金面的軟身造型城隍爺，右手拿香扇，左手持手巾置於案前，猶由真人端坐於正殿神龕中，公正廉明、神情肅穆的傾聽信眾的投訴。

鎮殿金面縣城隍爺左手持手巾

鎮殿金面縣城隍爺臉部鼻形圓隆飽滿

鎮殿金面縣城隍爺右手拿香扇

司職：行政司法之神

縣城隍爺聖誕日：農曆4月20日

縣城隍爺飛昇：農曆5月30日

著名廟宇：台灣縣城隍廟

鎮殿金面縣城隍爺神尊

廟宇源流與故事

全台首邑縣城隍廟
地址：台南市北區成功路238巷52號
電話：06-2236020
創建年代：清康熙50年（1711）

全台首邑縣城隍廟拜殿

　　縣城隍廟創建於清康熙50年（1711），由知縣張宏捐俸鳩工所建。今鎮殿城隍即始建時雕塑，金面肅穆，掌「台澎城隍爺」官印，意全台首邑之銜，據傳是仿肖第一任知縣沈朝聘。乾隆10年（1745）知縣李閶權捐貲重修；乾隆16年(1851)知縣魯鼎梅因舊署湫隘遷縣衙至鎮北坊紅毛樓北，縣城隍廟遂遷建於縣署北而南，乾隆年間屢有修建，嘉慶12年（1807）知縣薛志亮擴大其規模，宏傑壯麗，猶如官署。同治13年（1874）有團練總局之設，值冬防，邑內外分六段，保甲警備巡夜查挈盜賊，北段保甲局即設於縣城隍廟。

　　日治時期，廟遭日軍進駐為陸軍衛戍醫院宿舍，日明治43年（1910）改建縣城隍廟於現址。民國55年重修。民國57年加建地藏王殿，藉以宣揚菩薩扶度眾生之宏願。民國67年重建。

廟宇藝術與文創

　　童子爺有二尊，分別為一男一女，稱為金童玉女，金童所持元寶，寓意庇佑招財進寶。相傳童子爺為玉帝派下來幫助城隍爺的，由於是掌管出生嬰兒與小兒科的守護神，遇到難養育的子女來拜契童子爺，皆能讓其平安長大，所以擁有許多拜契的契子，一到農曆2月12日其聖誕日，來廟裡祝壽拜拜是人山人海。

　　殿內還有日昭和7年（1932），由信士陳江山所獻奉之木質長六尺、寬二尺大算盤，兩旁刻文「陽律欺瞞能倖免，陰司清算總難逃」。

金童(左)、玉女(右)

安平鎮城隍爺

圖解神明鑑賞

城隍原意為「城牆」及「護城河」，後來演變成城池的守護神，負責陰間的司法事宜，有如陽間的地方官。京都的都城隍封為「明靈王」，府城隍封為「威靈公」，州城隍封為「靈佑侯」，縣城隍封為「顯佑伯」，安平鎮城隍封為「水師都督」。鎮殿城隍爺造型為神情肅穆、威嚴公正的文官，抱袖（壽）於右腰間。

司職：行政司法之神

安平鎮城隍爺聖誕日：農曆4月20日

陰陽醮普度：農曆7月4日

著名廟宇：安平鎮城隍廟

鎮殿城隍爺神情肅穆，展現威嚴公正的一面

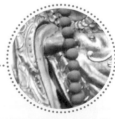

鎮殿城隍爺造型，表現為抱袖（壽）體於右腰間

廟宇源流與故事

安平鎮城隍廟
地址：台南市安平區安平路121巷1號
電話：06-2227187
創建年代：清乾隆14年（1749）

據謝金鑾《續修台灣縣志》：「安平鎮城隍廟，乾隆14年（1749）水帥協鎮沈廷耀建；乾隆50年（1785）水師協鎮丁朝雄修；嘉慶6年（1801）水師守備陳景星倡修；嘉慶9年（1804）游擊詹勝、守備陳廷梅、李文瀾等復修。」同治3年（1864）整建，同治10年（1871）整修，日治初期曾整修；昭和12年（1937）又小修之，民國60年（1971）整建，現今廟宇為民國78年（1989）重修落成之貌，依傳統閩南式建築，坐北朝南，由前殿、拜殿、正殿建置而成。

上圖：安平鎮城隍廟前殿
下圖：安平鎮城隍爺腳踏雙鬼

至今仍保存清乾隆49甲辰年（1784）信官丁朝雄敬之石香爐；同治3年（1864）董事福建台灣水中協副總府游紹芳立之「被靈爕理」匾；及光緒元年（1875）季冬，記名總鎮特授福建台灣水師協副總兵官周振邦敬立之「幽明惟一」匾額。全台首座由武官所建的「安平鎮城隍廟」，是清代水師的守護神，且為安平四大公廟之一。

廟宇藝術與文創

全台首座由武官所建的安平鎮城隍廟歷史悠久，除了石香爐、匾額等文物，門神彩繪也是不可錯過的藝術，尤其與一般門神圖像有截然不同的表現。

鎮城隍廟門神畫像為牛頭、馬面二將軍，與一般府、縣城隍廟不同

三山國王神尊大王、二王、三王

- 司職：潮州移民守護神
- 大王：農曆2月25日
- 二王：農曆6月25日
- 三王：農曆9月25日
- 著名廟宇：台南三山國王廟、新莊廣福宮三山國王廟、彰化溪湖荷婆崙霖肇宮、高雄市鹽埕三山國王廟

神明來歷與鑑賞入門

　　有關三山國王的記載最早見於史料的《宋會要輯稿》：「三神山神祠。三神山神祠在潮州。徽宗宣和7年8月賜廟額『明貺』。」元至順3年（1332）任翰林國史院編修劉希孟在其〈潮州路明貺三山國王廟記〉說明：「在隋朝不知年份的2月25日，有神三人，出於巾山，自稱昆季，受命於天，分鎮三山；唐元和14年，韓愈為潮州刺史，因淫雨害稼，率眾禱神而靈應，以少牢致祭，宋太祖時王師南討，神兵助戰有功，宋太宗征戰時亦顯應助戰，

台南三山國王廟正殿

王師大捷，乃昭封明山為「清化聖德報國王」，巾山為「助政明肅寧國王」，獨山為「惠威弘應豐國王」，闡明三山國王的信仰是「肇基於隋代，靈顯於唐代，受封於宋代」的成神歷程。

「三山明貺廟記」匾

　　而明太子少保禮部尚書盛端明撰的〈附明貺廟記〉的記載，三山國王的故事內容與結構基本相同，卻在三山國王的封號有出入，他的版本是：巾山為「清化威德報國王」、明山為「助政明肅寧國王」、獨山為「惠威宏應豐國王」，變成所謂大王、二王的封號和排序，與之前劉希孟之文獻有所出入，變成了二種版本，造成各廟依自己的傳統來祭祀。由於台南三山國王廟之前殿上方有「三山明貺廟記」匾，是在清乾隆9年（1744）採用盛端明說法所敬立的，內容則是記載三山國王神蹟的由來與建廟緣起。

圖解神明鑑賞

三山國王廟大王手持笏板，臉色紅潤、面帶祥和在工作桌前辦公。

三山國王廟大王手持笏板靠於辦公桌上

大王溫文儒雅，表現出圓融處世的神態

臉 部

三山國王廟大王氣色紅潤，由於香火鼎盛，臉部大多被燻黑

三山國王廟大王手持笏板

三山國王廟大王神尊

圖解神明鑑賞

山國王廟二王神情與姿態和大王相仿，除了繡袍顏色和大王有別。

臉部

二王臉形較大王削瘦，帶有冷靜的神情，文質彬彬

三山國土廟二王神情與姿態和大王相仿

三山國王廟二王持笏板的手勢表情，線條細膩

繡袍

除了繡袍顏色和大王有別，三山國王廟二王之神情和大王相仿

三山國王廟二王神尊

圖解神明鑑賞

三山國王廟三王較為特別，並非文書辦公，而是右手持七星劍，表情更為嚴肅。

三山國王廟三王神情較大王、二王嚴肅

三山國王廟三王雙手表情與大王、二王有別

三山國王廟三王右手持七星劍

大王、二王、三王的繡袍顏色有別，此外三王的表情因持劍而嚴肅

繡袍

三山國王廟三王神尊

廟宇源流與故事

地址：台南市北區西門路3段100號
電話：06-2138752
創建年代：清乾隆7年（1742）

三山國王廟又名潮汕會館，是提供粵省旅台同鄉休息的地方，為台灣唯一保存最完整潮州風格的廟宇，奉祀廣東省潮州府揭陽縣霖田都的三山（巾山、明山、獨山）之神，三山國王自隋開皇年間起，因神蹟屢顯，受宋太宗詔封為獨山「惠威弘應豐國王」、明山「助政明肅寧國王」、巾山「清化威德報國王」，為潮州人民的地方守護神。草創於雍正7年，創建於乾隆7年（1742），乾隆37年增建韓文公祠，經嘉慶7年、咸豐10年、光緒13年、民國58年、民國65年、民國79年、民國81年重修是為現貌。

三山國王廟是一座三殿三進九開間的潮州建築，坐東南朝西北，廟前廣場原有一座水池與一對旗杆，現已消失，廟埕寬廣四方，中門入口有一石製巨大天公爐，三川步口的左右兩邊是塗以白灰之磚砌實牆，分別寫著「龍吟」、「虎嘯」，進入廟內就可看到見證三山國王廟歷史由來的「三山明貺廟記」之匾額高懸在上。

再往正殿立即看到乾隆皇帝御賜的「褒忠」古匾，讓我們了解潮汕義民的忠勇衛國事蹟，三位國王安詳端坐在位置上，三位國王的夫人則安置於後廳處理家務，真應驗了「一個成功的男人，背後總是有一個女人在默默支持著」的生活智慧。

右殿是韓文公祠，是奉祀唐朝韓昌黎，即韓愈，其因諫迎佛骨，觸犯了皇帝，被貶到南疆蠻夷的潮州，任潮州刺史，卻不因此而喪志，反而非常關心民間之疾苦，遂贏得潮州人之愛戴，日後成為潮州人崇敬之神，祠內前庭尚有一口水井，是早期居住於會館內的人仰賴之水源。左殿是天后聖母祠，奉祀能保佑海上平安順利的海神天上聖母媽祖、觀世音菩薩，配祀土地公、註生娘娘。

韓文公

圖解神明鑑賞

韓愈亦被奉為檳榔業的祖師爺，據傳乃因〈諫迎佛骨表〉一文被貶至潮州後，因水土不服、心情鬱卒，而罹患濕寒之病，見當地人有吃檳榔的習慣，相傳吃檳榔可禦寒提神、解渴、讓病盡速痊癒，於是他也跟著吃檳榔解鬱，因而得名。

韓文公雙頰圓潤，福態中帶有威信

右手持如意，輕靠胸臂

左手輕扶玉帶，端正有氣度

韓湘子

圖解神明鑑賞

韓湘子，本名韓湘，是唐代大文學家韓愈的侄孫韓湘，韓愈的《祭十二郎文》就是紀念韓湘之父韓老成的文章，文中言：「汝之子，始十歲，吾之子，始五歲。」由此推知，韓湘約生於唐德宗貞元十年（794）。一般祭祀韓文公的廟宇都會同祀韓湘子。

韓湘子神態和氣，
具藝術家氣質

立於拜殿的韓湘子神尊

韓湘子側身像

右手

右手持拂塵

左手

左手輕持洞簫

開山宮鎮殿保生大帝

- 司職：醫藥之神
- 保生大帝神誕日：3月15日；飛昇日：5月2日
- 著名廟宇：台北大龍峒保安宮、學甲慈濟宮、
　興濟宮、良皇宮、開山宮

神明來歷與鑑賞入門

　　保生大帝為中國閩南地區及台灣、東南亞華人所信奉的醫神，為北宋閩南人士，本名吳本（「本」音「滔」），字華基，別號雲衷，生於宋太宗太平興國4年（979年）3月15日，卒於宋仁宗景佑3年（1036年）5月2日，登山採藥時，失足墜崖而羽化，享年58歲，俗稱「大道公」、「吳真人」、「花橋公」，封號全名為「恩主昊天金闕御史慈濟醫靈妙道真君萬壽無極保生大帝」。

　　在清乾隆17年（1752）《重修台灣縣志／卷六／吳真人廟》中載：

　　吳真人廟……神名本同安縣白礁人，母夢吞白龜而娠。生於宋太平興國四年，不茹葷，不受室，精岐黃術，以藥方濟人，廉恕不苟取。景祐二年卒，里人祠之，有禱輒應。部使者請廟額，敕賜「慈濟」．慶元間復敕為「忠顯」。開禧二年，封英惠侯。

大龍峒保安宮

　　按真人廟宇，漳泉間所在多有，荷蘭踞台，與漳泉人貿易時，已建廟廣儲東里矣。嗣是鄭氏及諸將士皆漳泉人，故廟祀真人甚盛，或稱保生大帝廟，或稱大道公廟，或稱真君廟，或稱開山宮，通志作慈濟宮，皆是也。舊志所載，除廣儲東里外，其在西定坊者，尚有北線尾廟。其在鎮北坊者二：觀音亭邊，偽時建；水仔尾，康熙三十五年建。在永康里者一，石頭坑。在武定里者一……

　　保生大帝父親吳通，後追封為協成元君，母親黃氏為玉華大仙轉世，吳本年少時曾受崑崙山西王母傳授法術，後舉科舉，官任御史，精通天文地理，禮樂醫術，後辭官修道，行醫濟世，曾於山林之中施法救起遭虎咬死的書僮，感動書僮主人知縣江仙官與張師爺，追隨吳本修練道術，施藥活人。

　　宋朝楊志《青礁慈濟宮碑》記載其逝世後鄉人私諡為「醫靈真人」，供奉為地方神祇，於青礁龍湫坑畔建立「龍湫庵」奉祀，為廟祀之始。

台南興濟宮

圖解神明鑑賞

學甲慈濟宮所奉祀開基主神稱為「開基二大帝」。相傳保生大帝吳本於北宋仙逝後，鄉人於白礁立廟祭祀時，雕刻有「大大帝」、「二大帝」、「三大帝」三尊保生大帝神像。大大帝奉祀於龍海白礁慈濟宮，二大帝則由同安縣百姓李勝迎祀，隨明鄭鄭成功軍隊前來台灣，原由台南學甲下社角李姓後代私人奉祀，後成為學甲地區信仰核心。

頭冠

頭戴七星冠

臉部

學甲慈濟宮保生大帝的臉部已嚴重損壞

左手

左手掐道指，掌心向下

服飾

身穿八卦衣，端坐椅上

右手

右手掐道指，掌心向上

學甲慈濟宮保生大帝

廟宇源流與故事

學甲慈濟宮
地址：台南市學甲區濟生路170號
電話：06-7836110~1
創建年代：明永曆15年（1661）

學甲區原為西拉雅平埔族散居之地，「學甲」即為其社名譯音，現今地名猶存有後社、中社、下社仔等地名。溯自鄭成功來台，爾後中國移民日增，據此開荒墾殖，進而以學甲為中心，向外圍擴散，形成所謂「學甲十三庄」。

慈濟宮創建於明永曆15年（1661），是明鄭時期由居下社角第一代世祖李勝，往大陸白礁慈濟宮恭奉保生大帝開基二大帝金身，以隨船保佑眾生，同鄭成功軍民渡海來台，在將軍溪畔的「頭前寮」平安登陸，後散居在學甲地區墾土屯田，當時僅建草庵奉祀，成全台開基祖廟。後神明威靈顯赫，因而遐邇傳聞，香火日盛，歷清康熙、乾隆年屢有修建，咸豐10年（1860），廟貌重修，並禮聘交趾陶匠師葉王作壁堵、屋頂裝飾，創作數百件，留存至今，已成國寶文物，日昭和4年（1929），再醵金重修壁堵裝飾，廟方聘請當時最負盛名剪黏匠師何金龍師兄弟主持，一時佳作並陳，使慈濟宮同時擁有兩位大師之作品，成為文化藝術殿堂。

慈濟宮為直轄市定古蹟，位在學甲市區中心，廟宇巍峨壯麗，分有前後兩殿，前殿奉祀保生大帝，後殿供奉觀音佛祖。宮外有石獅、旗桿等各一對分列左右，廟前宏巍的石雕牌樓堂皇精美。

廟宇藝術與文創

學甲慈濟宮有交趾陶名匠葉王和剪黏名匠何金龍之作品，極具有藝術保存價值。

	2
1	3

1. 何金龍剪黏作品
2. 葉王交趾陶之合境平安作品
3. 葉王交趾陶作品

良皇宮軟身白礁祖

圖解神明鑑賞

良皇宮軟身白礁祖的座椅邊刻有「乾隆丙午51年（1786）與弟子陳兆陞敬謝」，為神像的歷史做了見證。原是金面的軟身白礁祖，已因年代久遠被燻化成黑臉，但仍見慈眉善目。

頭上髮髻呈盤髮狀

公祖頭型呈橢圓形，原是金面，慈眉善目，嘴形微揚，老神在在

右手金色，捻法指

左手金色，捻法指

邊刻有「乾隆丙午51年（1786）與弟子陳兆陞敬謝」，為其神像歷史做了最佳見證

良皇宮軟身白礁祖

圖解神明鑑賞

民國36年良皇宮委託府城雕佛名師西佛國蔡心雕造一尊二鎮武身保生大帝，其造型姿態和動作栩栩如生，為在水中持劍斬絞龍造型，是少見的武身神尊樣貌，左手輕持淨缽，右腿抬高，右手高舉七星劍，神威顯現，充分顯現保生大帝急公好義、為眾生疾苦奔波形象。

公祖臉型略瘦，眼形上揚，山根突出，人中筆直明顯，為眾生疾苦奔波

身穿八卦衣，微轉身高提右腿，左手持淨缽

左手輕持淨缽，右腿抬高，右手高舉七星劍，神威顯現

良皇宮廟貌

底座做水底藏龍造型，海底波浪翻捲激起水花，龍形婉蜒靈活，龍頭雕刻精美，望向公祖

良皇宮二鎮
武身保生大帝

廟宇源流與故事

良皇宮奉祀保生大帝吳真人即大道公俗稱「下大道」，因位於府城的南邊，乃相對於府城北邊的興濟宮俗稱「頂大道」。良皇宮的由來是因本廟古時與安平海頭社「廣濟宮」分別位在台江「大港」之龍虎兩側，兩廟因而互有「龍虎宮」之稱，而良皇宮之廟名即是承襲「龍虎宮」台語讀音而來。

開山宮
保生大帝

圖解神明鑑賞

開山宮保生大帝是以抱袖（壽）體型態呈現，頭戴七星冠，身穿龍袍，氣定神閒的抱袖於腰，很有慈悲濟世情懷神態

頭戴七星冠，身穿龍袍，氣定神閒，抱袖於腰，呈現慈悲濟世的神態

後座椅巾繪有虎皮紋的彩繪

雙手抱袖於右腰際，露出大拇指

側身照，座椅為如意扶手造型

開山宮保生大帝

開山宮正殿

廟宇源流與故事

　　相傳荷據以前便有先民渡海遷居於此，拓荒墾蕪。昔時為感戴隋煬帝時代遠征琉球國的虎賁中郎將陳稜將軍的開台勳業，尊奉其為「開山聖王」，並建「將軍祠」此乃開山宮前身。明鄭時期（1661-1683），改稱為「開山宮」，廟前留有石柱對聯：「克壯觀瞻隆古地，聿新營建重開山」。

　　清康熙58年（1719）《台灣縣志‧寺廟》記載：「開山宮祀吳真人：一在新街，曰開山宮；一在北線尾，曰大道公廟」，歷乾隆5年（1740）、道光、同治、光緒多次重建，已具左右偏殿格局，日昭和18年（1943）為開鑿防空洞，悉予拆除。戰後於民國37年由地方人士發起利用原廟舊材簡易重建，民國76年由主任委員蔡金龍先生發起重建，民國85年落成建醮是為現貌

開山宮三十六官將

開山宮外觀

太子爺

昆沙宮開基太子爺

・司職：兵力之神
・太子爺神誕日：9月9日
・著名廟宇：下太子昆沙宮、頂太子沙淘宮、下林建安宮

神明來歷與鑑賞入門

在明《三教源流搜神大全》卷七之那吒太子篇提及：

> 那吒本是玉皇駕下大羅仙。身長六丈，首帶金輪，三頭九眼八臂，口吐青雲，足踏盤石，手持法律，大喝一聲！雲降雨從，乾坤爍動，因世間多魔王，玉帝命臨凡……

哪吒太子神像造型以小孩子的身軀來示現，表現出天真、無邪、可愛、活潑之少年特質，寓意後人應常保持「赤子之心」，返璞歸真。常見太子爺身穿肚兜或戰甲、身披渾天綾、手持火尖槍、乾坤圈、腳踏風火輪或持各項法寶，由於其神話體材相當豐富廣泛，神像表現也有不同的詮釋手法。

哪吒太子（最早的稱呼為那吒太子）最初本是佛教經典裡的護法神，最早的記載在北涼代翻譯的《佛所行讚》卷一云：「那吒是毘沙門天的兒子，祂的名字是來自印度的漢譯音，為佛經裡毘沙門天王五太子中之第三太子。」

沙淘宮二鎮太子爺

沙淘宮鎮殿太子爺

唐•鄭棨《開天傳信記》云：

宣律……常夜後行道，臨階墜墮，忽覺有人捧承其足。宣顧視之，乃一少年也。宣遽問弟子：「何人，中夜在此？」少年曰：「某非常人，即毘沙門天王之子那吒太子也，以護法之故，擁護和尚時已久矣。」

唐宋以後哪吒漢化為道教系統的一個神仙。明代時隨著《西遊記》、《封神演義》小說家的創作與故事情節發展之生動有趣，從哪吒出世、鬧龍王宮、剔骨肉還父、蓮花化身、尋父報仇、被塔鎮服、重新認父等膾炙人口的故事在民間廣泛流傳，一個天真活潑、可愛多變、不拘禮教、驍勇善戰的少年英雄之哪吒印象便深植民間信仰裡。

台灣民間信仰中，將哪吒奉為神祇，一般民眾也稱哪吒太子為中壇元帥，因其掌管五營，統帥宮廟五營神兵的中壇，故又稱為中壇元帥、中壇太子李元帥、太子元帥、哪吒元帥、哪吒太子、哪吒三太子、大羅仙、玉皇太子爺，民間簡稱「太子爺」。

圖解神明鑑賞

立身的神像欣賞入門必看的重點有：看
神態是否自然、身材比例是否得宜，以
及神像平衡感。由於太子爺的造型表現
通常以小孩呈現，所以身材比例
也是觀賞的重點之一。

火尖槍是哪吒太子使用的武
器之一，傳說故事中槍身長
一丈八

火尖槍

此兵器法寶具有極大殺
傷力，金圈可大可小彈
性變幻，無堅不摧

乾坤圈

戰甲

太子爺出征時穿著的戰甲，
可禦敵護身

神像平衡感：由於其左腳伸出，
重心便落在右腳，立身神像追求
的是要能「穩」的平衡感，也是
最為重要的基礎

風火輪

風火輪也是哪吒太子使用的武器
之一，傳說中哪吒腳踩風火輪、
手持火尖槍，大鬧海底龍宮

昆沙宮開基太子爺神尊

太子爺雖是孩童純稚神情，但立身姿態擁有武將的氣勢，雖無咄咄逼人之姿，但見身先士卒的領袖英姿

身材比例

身材比例是否得宜：由於太子爺的造型表現以小孩居多，以嬰兒頭（冬瓜頭）來表現為常態，頭都比較大，頭上挽一髮髻。小孩的頭身比都比較大，所以神像頭身比率會比一般神像還大，約落在1：6～1：7之間。

神像表情：太子爺臉部表情要能表現出天真無邪的少年特質之神韻，考驗著雕刻師傅的功力。

渾天綾

渾天綾為哪吒太子八寶之一，長七尺二寸，可以憑此飄帶飛天，並當成武器

補加法寶

傳說中太子爺還擁有打仙金磚、九龍神火罩和豹皮囊等法寶兵器

飛躍凌空的姿態展現了太子爺神明的獨特性格，擁有一身武功，手持隨身法器，身段散發出驚人威勢

台南下太子開基昆沙宮的濟世密方「倒插香」。倒插香是信徒有急事需要幫忙，可先焚香稟報神明周知

賜暗方是太子爺的獨門濟世密方。首先焚香稟報本人的姓名、八字、住址、病情狀況原委，祈請太子爺關照，加持靈力於杯中開水，待「博杯」得到「聖杯」代表已完成，方可飲用常保平安

廟宇源流與故事

下太子昆沙宮
地址：台南市中西區府前路2段359巷2號
電話：06-2138752
創建年代：明鄭時期（1647～1683）

清康熙24年（1685）首任台灣府知府蔣毓英的《台灣府志》卷之六／廟宇記載：「崑沙宮在鳳山縣土墼埕保，神稱三太子，有寧靖王手書崑沙宮三字匾額」。

清乾隆17年（1752）的《重修台灣縣志》卷六祠宇志／玉皇太子宮：

玉皇太子宮（一名四舍廟）在鎮北坊（歲四月八日佛誕，僧童舁佛像，奏鼓作歌，沿門索施，名為洗佛。是日禁止屠宰）。偽時建。康熙二十七年，總鎮楊文魁重修。一在西定坊草仔寮，名上太子宮。一在土墼埕尾，名下太子宮。一在長興里。俱偽時建。

綜合以上二則文獻得知昆沙宮在明鄭時期（1647～1683）就已創建。

昆沙宮原先建於前清軍裝局前，坐東向西，正面臨海，日治時期，因前清之軍裝局改為刑務所，廟被迫遷入現址。日昭和5年（1930）因震災崩塌而重建；民國36年重修，並舉行遷建後首次祈安清醮；民國76重建完成，是為現貌。

祭祀慶典日：1月9日（玉皇上帝）、4月8日（太子爺飛昇）、7月10日（普度）、9月9日（太子爺聖誕）。

府城太子廟分頂、下。在清康熙24年（1685）蔣毓英的《台灣府志》卷六記載：「沙淘宮在西定坊，神之出處莫考，土人共稱『沙淘太子』；崑沙宮在鳳山縣土墼埕，神稱三太子，有寧靖王手書『崑沙宮』三字匾額。」二廟在清初的方志便有記載，足證明在明鄭時期皆已建廟。

二廟皆同祀太子爺，因地理位置一南一北，在乾隆17年（1752）的《重修台灣縣志》卷六祠宇志／玉皇太子宮：「在西定坊草仔寮，名上太子宮。一在土墼埕尾，名下太子宮。」開基崑沙宮地理位置屬南邊，俗稱下太子廟，沙淘宮相較於崑沙宮屬北邊，則稱頂太子廟，二廟易於分別。

廟宇藝術與文創 - 崑沙宮「金龍司」剪黏

下太子崑沙宮廟內有二堵剪黏，龍邊有剪粘——演武廳；虎邊有剪粘——李白答番書，過去只知道是名師的作品，有關來源的說法更有多種版本，某次有機會訪問薪傳獎的葉進祿大師，現年80歲的進祿司因此講出一段父親葉鬃與何金龍的一場往事：在日治昭和年間，廣東汕頭何金龍於昭和3年（民國17年）受聘來台製作剪黏，金龍司由於技藝精湛超群、名聞遐邇，在台期間各地廟宇競相延請前往施作，就他所知的就有台南竹溪寺、學甲慈濟宮、佳里金唐殿、芩仔寮等皆紅極一時。昭和6年（民國20年）在下太子崑沙宮製作此二堵剪黏時，葉鬃聽說金龍司在台南工作，於是特地到崑沙宮拜訪致意，想就教請益與經驗交流。經廟祝介紹兩位相識後，當金龍司知道葉鬃是台南剪黏同好時，雖以禮相待、相互寒暄，但也馬上警覺性的將一些剪黏工具、材料和成品以布覆蓋，顯見金龍司對於剪黏的製作過程極為保密，不將技藝輕易外露。不過也因此證明崑沙宮內人物堵剪黏的歷史。

何金龍（1878〜1945）的剪黏特色在於作工精細，粗細的掌握恰如其分，擅長人物雕塑，人物的眼神、表情，極為傳神，如盔飾以極薄的金屬片製鑲，戰袍則以針棒大小的瓷片為裝飾，架勢逼真，自成一格。進祿司還說，為了研究金龍司的頭盔作法如何能如此精細，他自己花了6年的時間下去研究才知道如何施作。

左圖：龍邊剪粘——演武廳

上圖：崑沙宮虎邊牆所施做的「李白答番書」剪黏作品局部圖

沙淘宮
太子爺

圖解神明鑑賞

太子爺形象以小孩、天真、可愛、微笑為其特徵，坐姿的表現出太子爺為正義的化身，個性熱情有活力、對事樂觀進取，喜歡衝鋒作戰的少年英雄形象。

微張
的嘴巴，
笑看人生，樂觀
面對人生挑戰

坐姿四平八穩，左手放於左腿顯現力道，右手輕舉腰帶表現出心有定見

沙淘宮太子爺左側

沙淘宮
太子爺

沙淘宮太子爺右側

廟宇源流與故事

頂太子沙淘宮
地址：台南市中西區西門路2段116巷5號
電話：06-2287306
創建年代：明鄭時期（1661～1683）

在清康熙24年（1685）的《台灣府志》記載：「沙淘宮在西定坊，神之出處莫考，土人共稱沙淘太子」，可知沙淘宮在明鄭時期（1661～1683）已建於西定坊，奉祀太子爺，俗稱頂太子，以別於俗稱「下太子」的昆沙宮，前者在北而後者在南。

沙淘宮草建之初，原為一草庵，供奉著從內地隨護墾民而移來的玄天上帝與太子爺等神像。清乾隆39年（1774）修築增建前殿，清道光15年（1835）重修；日大正10年（1921）再修；民國38年（1949），因廟宇損壞嚴重，管理人李有長先生等捐資重修，於民國43年（1954）舉行慶成祈安建醮；並於民國67年重修，民國68年（1979）舉行入廟安座；民國102年現重修中。

沙淘宮太子爺

沙淘宮拜殿

觀音亭鎮殿佛祖

觀音佛祖

- 司職：慈悲女神
- 觀世音菩薩誕辰紀念日：農曆 2 月 19 日
- 觀世音菩薩得道紀念日：農曆 6 月 19 日
- 觀世音菩薩成道紀念日或觀世音菩薩出家紀念日：農曆 9 月 19 日
- 每年在這三個紀念日，佛教的寺院都會舉行隆重的紀念法會
- 著名廟宇：大觀音亭、廣慈庵、慈蔭亭、安平觀音亭

神明來歷與鑑賞入門

「家家彌陀佛，戶戶觀世音」，觀音信仰是國人最普遍的民間信仰之一。

觀音的稱呼很多，有稱觀世音菩薩、觀自在菩薩、光世音菩薩、觀音菩薩，大慈大悲救苦救難廣大靈感觀世音菩薩、觀音佛祖、佛祖媽、佛祖母、南海佛祖、南海古佛、觀音大士、白衣大士、慈航大士、面燃大士、聖宗古佛，法名為正法明如來。

佛教約在兩漢之際傳入中國，在唐朝以前，觀音造像都是以男性形象出現。

自唐代開始至近代則多為女子相，由於觀音的形象是可隨信眾

安平觀音亭佛祖

祀典武廟觀音

的祈求需要，來應化各種不同的化身，所以有了多種版本的應化身，如6、15、33、37、84種化身。

常見的造像有紫竹觀音、白衣觀音、水月觀音、淨瓶觀音、灑水觀音、送子觀音。

萬福庵佛祖神尊

觀世音菩薩，是譯自梵語「Avalokite vara」，由於各佛經翻譯家的解讀不同，遂產生了多種版本，竺法護和尚譯為「光世音菩薩」，鳩摩羅什法師譯為「觀世音菩薩」，唐代玄奘法師則譯為「觀自在菩薩」，或傳說跟唐太宗李世民的本名中有個「世」字有關，為了避諱，而將「觀世音菩薩」改稱為「觀音菩薩」。

「觀世音菩薩」從字面上來解釋就是「觀察世間聲音的菩薩」，《妙法蓮華經》：「若有無量百千萬億眾生，受諸苦惱，聞是觀世音菩薩，一心稱名，觀世音菩薩即時觀其音聲，皆得解脫。」由於觀音的悲心廣大，世間眾生只要遭遇何種災難，若能一心稱念觀世音菩薩聖號，菩薩即時尋聲救苦，深獲大眾的愛戴。

風神廟大士神尊

圖解神明鑑賞

在清乾隆42年（1777）蔣元樞知府在台灣府城所留下來的〈重修台郡各建築圖說〉中，當時就有府城隍廟、關帝廟（祀典武廟）、風神廟、龍王廟、海會寺、先農壇等六間廟，後殿都建有大士殿，可見當時台灣宮廟寺院的觀音大士信仰之風頗盛，觀音佛祖亦散見於台灣民眾家堂的「佛祖漆」上，觀音之玻璃神畫更居「家堂五神」之首，與民眾家中所祀神明一同晨昏祭祀。

臉　部

臉色圓潤，法相莊嚴，慈悲為懷

左　手

左手輕握法瓶，灑水傾倒狀，度化眾生

右　手

右手輕舉觀音大士法指

坐　姿

盤腿打坐，持重禪定

坐　台

蓮花圍繞的打坐台

大觀音亭觀音佛祖

大觀音亭正殿

左手
左手掌撐持坐台

右手
右手執佛經

坐姿
觀音坐姿隨心意而定，但見坦然

右手
右手輕放右膝，恬淡安然

左手
左手持經卷

開基天后宮觀音　　　　　大天后宮觀音神尊

清水祖師

鎮殿清水祖師

- 司職：佛教俗神
- 清水祖師神誕日：1月6日
- 著名廟宇：清水寺、四鯤鯓龍山寺

神明來歷與鑑賞入門

　　清水祖師民間常尊稱為祖師公、烏面祖師，為北宋時期的名僧，俗姓陳，名應（另有一說陳昭或陳昭應），法名普足，生於宋仁宗景祐4年（1037），圓寂於宋徽宗靖國元年（1101），享年65歲。南宋時期，祖師因多次祈雨顯應，惠及生民，朝廷先後四次敕賜封號，最後的封號為「昭應廣惠慈濟善利大師」。

　　清水祖師在歷史上是真有其人，最早的文獻記錄是宋政和3年（1113年）邑令陳浩然所撰的〈清水祖師本傳〉內述：「祖師生於永春縣小姑鄉，陳其姓，普足其名也。幼出家於大雲院，長結庵於高泰山，志甘糗薄，外厭繁華。聞大靜山明禪師具圓滿覺，遂往事之。道成業就，拜辭而還。師曰：『爾營以種種方便，澹足一切。』因授以法衣而囑之。曰：『非值精嚴事，不可以有此。』祖師還庵，用其師之言，乃勸造橋樑數十，以度往來。後移庵住麻章，為眾請雨，如期皆應。元豐六年，清溪大旱，便村劉氏相與謀曰：『麻章上人，道行精嚴，能感動天地。』比請而至，雨即沾足，眾情胥悅，咸有築室請留之願，乃於張岩山闢除蓁翳，剪拂頑石，成屋數架，名

1. 清水寺正殿神像
2. 四鯤鯓龍山寺清水祖師
3. 艋舺清水巖清水祖師

之曰清水岩，延師居焉。以其年，造成通泉橋、谷口橋，又十年，造成汰口橋，砌洋中亭，靡費巨萬，皆取於施者。汀、漳時人有災難，皆往禱焉，至則獲應。」

　　清水祖師生前致力於慈善事業，拓建岩宇，舖橋造路，以利行旅往來，建造亭軒，供人乘涼避雨，廣施醫藥，救人無數，每逢旱災，順應眾生祈請祈雨，無不靈驗，普降甘霖，澤及四方，名聞遐邇，眾生遇有災難，隨禱隨應。從宋代開始，清水祖師的主要的信仰圈是從閩南安溪、永春、德化附近一帶，隨著安溪移民與時間的傳衍流布，信仰區慢慢擴散到泉州府各縣、漳州、三明一帶，浙東與閩北地區很多山岩都供奉祖師的香火，民諺謂「有岩就有祖師公」。

　　至今在福建、台灣及東南亞一帶的馬來西亞、緬甸、新加坡、印尼、菲律賓、泰國、越南等國家都擁有眾多分靈與信仰者。

圖解神明鑑賞

一般佛教的高僧祖師造像常現禪定像以象徵明心見性，其中清水祖師的造像和臉部表情尤其特別。一般常見清水祖師如禪僧入定，一派輕鬆自在，不受世間俗事干擾，其奇特的戽斗臉形以及膚色烏黑的神遊表情，令人充分感應到清水祖師俯視人間、撫慰一切的神格。

如禪僧入定般的鎮殿清水祖師側影

鎮殿清水祖師頭戴佛帽、烏臉戽斗為一大臉部特徵，眼睛朝下觀照內心

椅座是如意扶手椅

鎮殿清水祖師打坐的身形輕鬆自在

表情
頭戴佛帽、烏臉戽斗眼睛微閉向下觀照內心

姿態
身穿袈裟、身體放鬆，打坐盤腿、四平八穩

結定印
右手掌放在左手掌上，兩大拇指相觸

清水寺廟貌

廟宇源流與故事

清水寺後殿

清水寺
地址：台南市中西區開山路3巷10號
電話：06-2211472
創建年代：清康熙年間（1662～1722）

清水寺創設於清康熙年間
（1662～1722），主祀神明為清水祖
師、觀世音菩薩。

清乾隆6年（1741）的《重修福建臺灣府志／祠祀》：「觀音宮：在鎮北坊者曰觀
音亭，在寧南坊者曰準提室，在東安坊者曰清水寺」。清乾隆17年（1752）的臺灣縣
志城池圖中即畫有清水寺的圖像，乾隆年間，蔣元樞任臺灣知府之後，倡修寺宇，並
列為七寺八廟之一；乾隆44年（1779），由董事蕭隆修繕一次，至乾隆56年（1791）
由陳遜輝等地方士紳，發包重修一次，其後再由大德居士錢得寶，捐獻增築後堂（後
殿），迄至日大正4年（1915），由管理人趙澄源重修一次；民國35年，再由管理人林
水定發起重修一次；民國57年重建；民國99年再修完工，成為現在寺貌。

廣州宮三平祖師

- 司職：佛教俗神
- 三平祖師例祭日：每年農曆1月6日
  （誕辰日）、6月6日（出家日）、
  11月6日（圓寂日）
- 著名廟宇：廣濟宮

神明來歷與鑑賞入門

　　三平祖師（781～872），俗姓楊，法名義中，為唐朝福建漳浦之佛教禪宗高僧，是禪、律、密並修，咸陽高陵（今陝西西安高陵）人，因父仕閩，在唐德宗興元6年（781）舊曆1月6日，誕生於閩地福唐（今福建福州市福清縣），年少聰明好學，走遍名山古剎，歷時18年。先後拜師多位禪師學法，精研佛教的經、律、論，參悟佛法禪機，在廣東羅浮山拜師大顛禪師時，適值大文學家韓愈被貶潮州而求教於大顛禪師：「大師能否用一句話概括『參禪』佛法。」大顛半響不語，在一旁的義中敲了三下禪床道：「先以定動，後以智返。」韓愈大為讚賞，不敢怠慢這位小和尚，成為至友。

　　後至福建漳州平和縣三平山九層岩下，創「三平寺」在此弘揚佛法，廣度眾生，教化村民農耕之法，並親授醫藥為民

三平廣濟宮鎮殿三平祖師

三平廣濟宮正殿

治病，人稱三平祖師，三平山廣濟大師或稱三坪祖師，封號為「廣濟大師」。唐懿宗咸通13年（872）11月6日圓寂，享年92歲，僧臘65。

　　最早記載有關三平祖師的文獻有唐史部侍郎王諷撰〈漳州三平大師碑銘并序〉，王諷與楊義中是同時代人，王諷因受他人牽連被貶至漳浦縣令，曾慕名拜訪大師，後兩人成為至交，〈碑銘〉最後讚揚大師的行宜：

> 觀跡知證，語默明焉。觀証知教，權實形焉。體用如一，曷以言宣。
>
> 太素浩然，吾師亦然。觀其定容，見其正性。不閡外塵，朗然內淨。
>
> 智圓則神，理通則聖。師能得之，隨順無競，吾之行止，師何以知。
>
> 得性之分，識時之機，達心大師，邈不可追。

　　由於禪師功德，人人感念。涅槃之後，廣受漳州民眾的奉祀，在福建、台灣等地域都有香火、廟宇。

圖解神明鑑賞

三平祖師，俗姓楊，法名義中。在福建漳州平和縣三平山九層岩下，創「三平寺」弘揚佛法，廣度眾生，教化村民農耕之法，並親授醫藥為民治病。其後傳之〈碑銘〉形容禪師「觀其定容，見其正性。不閡外塵，朗然內淨。」

一般軟身神明的神服都以訂作繡服為主，本廟軟身三平祖師則每季皆換真人的僧服

虎邊（左）為虎使者，手持錫杖

龍邊（右）為蛇使者，手持拂塵

三平廣濟宮軟身三平祖師雙手交疊、神情莊嚴的禪定手印

三平廣濟宮軟身三平祖師

廟宇源流與故事

三平廣濟宮
地址：台南市安平區府前三街136號
電話：06-2971070
創建年代：民國37年（1948）

硬身雕刻之三平祖師，手持佛塵與淨砵

　　本宮奉祀主神為「三平廣濟祖師」、「保安廣澤尊王」，係本宮創始人「電華法師，俗名呂媽興大德」先祖，迎奉自大陸福建省平和縣九層岩「三平寺」及南安縣詩山「鳳山寺」。歲次戊子年（1948），祖師駕前雷華菩薩降乩指示：「奉師法旨，濟世救民。」遂於本市孔子廟前──柱仔行街，設壇為民紓解疾苦。因神威顯赫，受恩信眾日益增多，深感堂構狹窄，為增加服務，乃移駕府前路一段85巷內，繼續濟世行醫。歲次辛酉年（1981），又遷駕武聖路151巷作為臨時行宮，直到歲次丙寅年（1986）發起捐資興建，時為五期重劃區完成，而於府前三街136號作為興建基地。並於歲次丁卯年（1987）農曆3月4日奠基動工，在呂媽興大德親自參與施工及監督下，興建期間非常順利，得於最短時間內完工。並擇良時吉日戊辰年（1988）農曆3月16日子時入廟安座大吉，香火鼎盛。

　　因草創初期，艱困流離，但本宮不受遷移多處而流失信眾，更因神威顯赫，香火鼎盛，此乃本宮「廣恩普濟」深植人心、源遠流長之明證，更是本宮宮名之由來。

軟身三平祖師

三平廣濟宮雷華菩薩。雷華菩薩為三平祖師駕前童子，繪有兩儀（魚）的臉是其神像特色

木雕之臨水夫人媽

• 司職：救產之神
• 救產之神日：農曆 1 月 15 日
• 著名廟宇：臨水夫人廟

神明來歷與鑑賞入門

　　清乾隆 17 年（1752）的《重修台灣縣志／祠宇志》中有記載：「臨水廟在寧南坊（神名進姑，福州人，陳昌女・唐大歷二年生，秉靈通幻。嫁劉杞，孕數月，會大旱，因脫胎祈雨・尋卒，年僅二十有四。訣云：吾死後必為神，救人產難。建寧陳清叟子婦，懷孕十七月不產；神見形療之，產蛇數斗，其婦獲安。古田縣臨水鄉有白蛇洞，巨蛇吐氣為疫癘。一日，鄉人見朱衣人仗劍索蛇斬之。詰其姓名，曰：我江南

臨水夫人媽廟正殿

下渡陳昌女也。遂不見。乃立廟於洞上。凡禁魅、卻魃、祝釐、祈嗣，有禱必應。宋淳祐間，封崇福昭惠慈濟夫人，賜額「順懿」；復加封天仙聖母青靈普化碧霞元君）」。

可知臨水夫人廟創建的年代早在清乾隆年間，並對臨水夫人進姑的傳說故事有所記載。

圖解神明鑑賞

女性神明常見以軟身造型來呈現，臨水夫人的神職是專門於婦女的救產，臨水夫人媽的造像，柳眉細目、嘴唇微閉，以慈悲關心的眼神來表現其救苦救難的職志。

臨水夫人神尊

臨水夫人媽廟牌樓

廟宇源流與故事

臨水夫人媽廟
地址：台南市中西區建業街16號
電話：06-2136268
創建年代：清乾隆年間（1736）

臨水夫人廟註生娘娘拜殿

　　臨水夫人媽廟始建於清乾隆年間（1736），福州人渡海來台時，在台灣府（即現台南市）東安坊山仔尾小岳陵上建立一座小廟宇，以臨水夫人媽為主神，稱為臨水夫人廟。清咸豐2年（1852）再由地方仕紳修建加奉三奶夫人中的二媽林紗娘、三媽李三娘，迄今已有270餘年。

花公花婆拜殿

　　清光緒12年（1886）重修廟宇；日昭和10年（1935）由地方有志人士發起重建。台灣光復後於民國37年（1948）、民國51年（1962）各整修一次，並改稱為「臨水夫人媽廟」，其後因為年久失修，加以風吹日曬建物腐朽。影響觀瞻至鉅。遂報請重建，於民國72年（1983）重修；102年增建後殿。

信仰源流延伸考

婆姐

圖解神明鑑賞

婆姐的神職是專門保護幼兒庇佑其平安長大，婆姐右手抱嬰孩，後面背一個，左手牽一個，完全展現其專職的神格。

婆姐角色如同現代的褓母，專門照顧小孩

婆姐行走之姿，右手抱一嬰孩

背巾後的小孩活潑好動表露無遺

左手緊拉小孩，背後的小孩東張西望

廟宇源流與故事

　　約在清光緒年間成冊的《安平縣雜記・節令》中明言於七夕晚間，敬備七娘媽亭、祭品，延請道士獻祭，拜七娘媽，並有「出婆姐」的儀式，代表已經長大成人。又特別提到孩兒幼時都有婆姐的照顧，婆姐是臨水夫人的女婢，臨水宮的臨水夫人陳靖姑的神職是專救人產難，而36婆姐則是具有專門保護幼兒的褓母神職角色。宮中的婆姐神像常被有幼兒的家庭請回供奉，神像甚至供不應求被請一空，僅存留廟壁的畫像。由此可知清光緒年間當時的做16歲風俗，與婆姐及臨水夫人廟有密切的關係。

上圖：臨水夫人媽廟36婆姐；右圖：臨水夫人廟出姐母宮

信仰源流延伸考

註生娘娘

圖解神明鑑賞

註生娘娘的神像造型常見的為軟身的神明，或是端坐於椅上，右手執筆，左手拿生育簿，生育簿裡記載著每一位婦女該生的幾個子女，祂主掌婦女的生男或育女大權，在早期的社會是婦女們要求得子嗣必拜的神明。

註生娘娘
背面

註生娘娘右手執毛筆

註生娘娘左手拿
註生（生育簿）

沙淘宮註生娘娘

左圖：大龍峒保安宮註生娘娘
右圖：大龍峒保安宮註生娘娘旁婆姐

神明來歷與鑑賞入門

　　註生娘娘又稱註生媽，是主掌生育與保護幼童的女神，所謂「不孝有三，無後為大」，自古以來，傳宗接代就是傳統女性必須擔負生育的責任與工作，傳統的社會更存有重男輕女的觀念，早期醫藥科學不發達、環境衛生不佳的年代，婦女在未有小孩之前，會先向有授子神職的註生娘娘祈求恩賜小孩，於是成為婦女朋友最親近的神明。

　　註生娘娘在中國則稱為子孫娘娘，因地域的不同或也有不同的娘娘稱呼，她的職能範圍非常廣範，從祈求子嗣開始，註生懷孕、註胎、安胎、保胎、定男女、生產，乃至出生以後的小孩的吃、喝、哭、病、鬧種種養育之問題，無所不包。所以其旁也有陪祀婆姐（一人至十二人皆有）來幫忙照顧小孩，一般廟宇常將註生娘娘附祀於主神旁的龍邊位置。

　　註生娘娘之源由出自明代小說《封神榜》，是姜子牙奉玉皇上帝之命，封三仙島的雲霄、瓊霄、碧霄職掌混元金斗。金斗即產盆之意，專擅先後之天，舉凡諸侯天子、貴賤愚賢，落地需先從金斗轉劫。雲霄、瓊霄、碧霄全稱「三姑」，據說是龜靈聖母之門徒。現在我們講的「註生娘娘」其實是三合一的說法。

　　由於重男輕女的觀念下，為順利求得子嗣，在民間就有「移花換斗」、「栽花換斗」的特殊民俗科儀，「花」指胎兒、嬰兒，白花代表男孩，紅花代表女孩，藉由儀式來祈求註生娘娘能轉化胎兒的性別，以滿足信眾有兒有女的願望。

　　民間常會將註生娘娘與臨水夫人混為一談。註生娘娘的神職是主掌生育，臨水夫人陳靖姑神職是救人產難，註生娘娘配祀有十二位婆姐，臨水夫人配祀有三十六位婆姐，註生娘娘聖誕日於農曆3月20日，臨水夫人聖誕日於1月15日，

　　可能因為都配祀有婆姐，且與生兒育女、保護幼童的神職有關，後來不明就理的人就混為一談。

大天后宮水仙尊王

- 司職：水神
- 水仙尊王神誕日：「一帝、二王、二大夫」五水仙
 [夏禹]（農曆10月10日）[禹王]（農曆9月24日）[項羽]（農曆6月6日）
 [伍員]（農曆11月14日）[屈原]（農曆5月5日）
- 著名廟宇：水仙宮 、台南大天后宮、安平開台天后宮

神明來歷與鑑賞入門

　　台灣是海島，對外交通仰賴海運，早期從中國移民到台灣，由於當時航海技術落後，海難時有所聞，航海人為求能平安順利，唯有祈求海神的幫忙，最常見的守護神就是天上聖母媽祖與水仙尊王。

　　水仙尊王在民間的傳說及奉祀對象相當多，清乾隆29年（1754）知府蔣允焄所撰之〈水仙宮清界勒石記〉即云：

　　　　水仙之祀，不知所昉，祠官闕焉；獨演海間漁莊蟹舍、番航買舶崇奉之。然其說百查幻，假借附會，殆如騷所稱「東君」、「河伯」、「湘夫人」流亞歟□郡西定坊，康熙五十四年建廟，志稱「壯麗工巧，甲他祠宇」。

　　《台灣志略》載：

　　　　水仙宮祀五像，莫詳姓氏·或曰大禹、伍員、屈平，又其二為項羽、魯班·更有易魯班為禹者，更屬不經；或曰王勃、李白·按禹平水土，功在萬世·伍相

浮鷗夷、屈子投汨羅、王勃省親交趾溺於南海、李白鄙視塵俗沉於采石，沒而為神，理為近之。

常見奉祀的水仙尊王共有十位，即「大禹、伍員、屈原、項羽、奡、魯班、李白、伯益、冥、王勃」，皆因祂們的生平事蹟與水有關，而供奉之。較統一的版本則有俗稱五水仙的「一帝、二王、二大夫」：

一帝：

【夏禹】尊稱大夏聖帝，為夏代開國之王。禹治水有功於民，受舜禪讓為天子，以夏為國號，史稱夏禹，台灣地區奉為水仙之首。

二王：

【奡王】尊稱白盟尊王，夏時寒浞之子，據傳他力大無窮，能陸地行舟。

【項羽】尊稱西楚尊王，秦末起義軍領袖，號稱西楚霸王，與劉邦相爭失利，烏江邊自刎。

二大夫：

【伍員】尊稱伍盟大夫，吳國忠臣，字子胥。被陷害，而遺體被吳王夫差丟入河底，吳國百性感戴其忠貞立祠祀之。

【屈原】尊稱三閭大夫，楚國愛國詩人，作〈離騷〉、寫〈漁父〉等篇。投汨羅江，死諫明志。

古傳若船隻海上遇危臉，惟有妙法「划水仙」可救，《東瀛識略／卷八遺聞》：

> 渡海非風不駛，又最畏暴風，相傳檣折舟傾，危不可保，惟划水仙可救。其法，在船之人咸披髮蹲舷，空手作撥棹勢，假口為鉦鼓聲，如五日競渡狀，可冀破浪、穿風疾飛抵岸，其應如響。

水仙宮正殿水仙尊王神尊

圖解神明鑑賞

常見奉祀的水仙尊王共有十位，即「大禹、伍員、屈原、項羽、奡、魯班、李白、伯益、冥、王勃」，皆因祂們的生平事蹟與水有關。水仙宮主祀水仙尊王，為夏禹、寒奡、項羽、伍員、屈原五位水仙尊王；或謂大禹、伍員、屈原、王勃、李白。

臉部
臉部膚色，
發散神性光輝

眼鼻
單鳳眼、高隆鼻形，
呈現威嚴穩重相

水仙宮主祀水仙尊王身披繡袍

水仙宮主祀水仙尊王
端坐龍頭扶手椅

水仙宮鎮殿大夏聖帝

廟宇源流與故事

水仙宮
地址：台南市神農街1號
電話：06-2203019
創建年代：清康熙22年（1683）後

水仙宮主祀水仙尊王，為夏禹、寒奡、項羽、伍員、屈原五位水仙尊王或謂大禹、伍員、屈原、王勃、李白。建築所在位置是昔日的南勢港口，座東面西，康熙年間由泉漳諸郊商共同集資創建，規模宏偉廟貌壯麗，廟中亭脊，雕鏤人物花草，備極精彩，皆潮州工匠作品，甲於全城。

清嘉慶元年（1796），三郊大修水仙宮，「郊」為商業同業公會的性質，改建廟北十三間店舖為三益堂，以論語益者三友，「友直友諒友多聞」為意，俗稱三郊議事公所，三益堂為三郊總部，一度曾為全台貿易中心。

廟宇藝術與文創

以位於廟壁內乾隆30年（1765）立的〈水仙宮清界勒石記〉，歷史最悠久，諭令附近居民要清除廟前荒穢，以肅觀瞻，疏濬北勢港道淤塞，以利通暢。

其次，由於大禹為夏朝開國君主封為大夏聖帝，屬於帝級的神明，所以大門不繪門神，改採門釘形式。

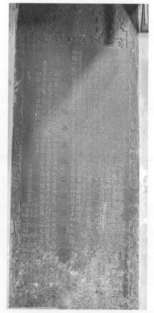

1. 大門採門釘形式
2. 水仙宮廟壁內〈水仙宮清界勒石記〉

1 2

總趕宮正殿總管爺

- 司職：海舶總管
- 神誕日：8月21日
- 著名廟宇：總趕宮、勝安宮、聖公宮

神明來歷與鑑賞入門

　　清康熙59年（1720）陳文達編撰的《台灣縣志／寺廟》就有記載：西定坊有聖公宮，偽時建。乾隆17年（1752）王必昌總輯的《重修台灣縣志／卷六祠宇志》中云：聖公廟在永康里中樓仔街（神姓倪，忘其名。生長海濱，熟識港道，為海舶總管。歿而為神，舟人咸敬祀之）。康熙30年，巡道高拱乾建，又一在大東門內彌陀寺左；一在西定坊，曰總管宮，偽時建；一在鎮北坊總爺街。可見在清乾隆年間的倪府總管爺信仰是相當鼎盛。

倪府總管公

總管公二王　　　　　總管公三王

　　早期文獻上稱其「生長海濱，熟識港道，為海舶總管。歿而為神，舟人咸敬祀之」，但不知其名，是航海者的守護神，到了近代，隨著時代的轉變卻傳成為開漳聖王的部將輔義將軍。輔義將軍姓倪名聖分，出身於海澄縣，亦在開漳聖王之幕下與輔信將軍同為輔佐有功而受敕封。從三川步口檐柱楹聯可以得到證明：「炎徼殄餘氛績留漳郡，崇封襃輔義澤及台疆」；門聯所述「輔主概天心斬許朱明延一祚，義正憂國瘁扼屯金廈抗全師」，可見民間信仰的神格轉變與其包容性。

圖解神明鑑賞

早期文獻上稱總管公為航海者的守護神，在清乾隆年間的倪府總管爺信仰是相當鼎盛。到了近代，隨著時代的轉變卻傳成為開漳聖王的部將輔義將軍。總管公四王造型睜著大眼，大鼻臉相，抿嘴肅穆，展現護衛的神貌。

總管公四王的左手曲臂

總管公四王側身，
右手握拳狀

總管公四王臉部表情，
睜眼、大鼻、抿嘴

頭戴黑帽

腳穿長靴

總管公四王

總管公四王背部

177

廟宇源流與故事

總趕宮
地址：台南市中西區中正路131巷13號
電話：06-2251618
創建年代：明鄭時期（1661～1683）

總趕宮正殿

　　總趕宮建於明鄭時期（1661～1683），原稱「聖公宮」，主神聖公爺，姓倪，軼其名；生長海邊，熟悉港道，為海舶總管，亡後為神，故尊稱倪總管公；至清乾隆年間改稱總管宮，道光年間訛稱總趕宮。

　　清乾隆60年（1795）由台灣道道台楊廷理捐款整修，於清嘉慶元年（1796）完工，廟中有供奉楊廷理的長生祿位；清道光15年（1835）紳商周清老與海澄縣儒學黃化鯉等人重修此廟，事後立「重興總趕宮碑記」及增加供奉的「黃化鯉長生祿位」。

　　日明治36年（1903）與日大正元年（1912）均曾整修，而原本位於大南門內開漳聖王廟（興南宮）因要興建台南第二尋常高等小學校校舍而被拆毀後，其神像便被移到此廟合祀。民國36年由張江霖等人發起整修，民國55年再修，民國74年廟右廂重建北方式觀音廳，民國99年重修完工並舉行入火安座儀式。

廟宇藝術與文創

　　總趕宮廟內有二尊造型特別的神明韓德爺和盧清爺，兩神爺的頭部採卡通詼諧造型，予人較易親近的感覺。來到總趕宮祈福的信眾也可稍加留意此兩尊神明。

總趕宮廟內盧清爺

總趕宮廟內韓德爺

張部顯靈公為軟身神明

• 司職：瘟神
• 五福大帝神誕日：
　3月3日宣靈公劉部、3月15日振靈公趙部
　4月10日應靈公鍾部、7月10日顯靈公張部
　9月1日揚靈公史部
• 著名廟宇：全台白龍庵、西來庵

神明來歷與鑑賞入門

　　五福大帝又稱為五靈公、五部大堂、五瘟王爺、五方瘟神等不同名稱。分別是顯靈公張元伯、應靈公鍾士秀、宣靈公劉元達、揚靈公史文業、振靈公趙光明等五位靈公。

　　最早出現五瘟鬼的文獻是魏晉時期《女青鬼律》卷九中記載：

　　東方青炁鬼王姓劉名元達，領萬鬼行惡風之病。

　　南方赤炁鬼王姓張名元伯，領萬鬼行熱毒之病。

　　西方白炁鬼王姓趙名公明，領萬鬼行注炁之病。

　　北方黑炁鬼王姓鍾名士季，領萬鬼行惡毒霍亂、心腹絞痛之病。

　　中央黃炁鬼王姓史名文業，領萬鬼行惡瘡癰腫之病。

　　右五方鬼主。諸欲著名生錄為種民者，按此文書隨病呼之，知領鬼姓名病即差矣。人人各寫一通繫身，讀之令罹災害皆消。

元和宮全台白龍庵

五瘟鬼王的職務都是執行「行瘟」的懲罰任務與流行毒疢，經向其祈求後，再給予「解瘟」讓災害盡消，具有行瘟與解瘟的雙重神力，這是大陸福州地區五帝的原型。

《烏石山志》記載：「榕城內外，凡近水依寺之處，多祀疫神，稱為澗，呼之為殿，名曰五帝，與之以姓曰張、鍾、劉、史、趙。」關於五帝的來歷，普遍傳云：唐代時，有五名舉人去參加省試，某夜同住於一家客棧中，無意中看見一群瘟鬼往井中下毒，說是要使城中一半人喝此井水後中瘟毒而死，五位書生為使省城人民避免死於瘟疫，只好捨命救人，投入井中讓自己中毒身亡，才讓福州人民避免了一場浩劫，全城百姓為感念五書生的再生之恩，遂立廟塑像祭祀，成為五帝。

清代在台灣由於五福大帝的靈奇顯奕、神威顯赫，為府城戍守的福州籍官兵，所共同奉祀的保護神。香火鼎盛，信徒日多，加上神棍假借神意藉機敲詐，曾引起府縣官吏的注意、取締。清嘉慶24年（1819），姚瑩任台灣令時，曾以妖妄擾民，碎焚五福大帝神像，但仍無法制止府城居民的信奉。

日治初期的五福大帝信仰在府城仍然相當盛行，從《台灣日日新報》（1898.09.01）迎神瑣說的報導：「台南白龍庵崇祀五靈公。向有驅瘟出海之例。俗名之為迎老爺。自該廟廢為倉庫。此調久已不彈。惟亭仔腳西來庵尚沿成例。陰曆六月廿六日為驅瘟出海之期。先期三日。迎神遍遶城箱（廂）內外街衢。鸞輿四五乘。儀仗甚都。前導一中軍府。翎頂鹵簿。均與官同然……」。到了日治大正4年（1915）因發生西來庵事件後才受到禁止。

圖解神明鑑賞

五福大帝坐最中間的是顯靈公張部，常見造型為金面，額額上有一道裂痕，據傳為落井時所撞傷的，有紅色的鬍鬚（因流血而染紅了鬍鬚）。農曆7月10日為張部顯靈公聖誕。

顯靈公張部
左手執布巾

額上有一道裂痕據傳為落
井時所撞傷的

張部顯靈公右手
執蒲扇

劍帶

繡工極為細緻
的龍圖肩巾

顯靈公張部

廟宇源流與故事

全台白龍庵
地址：台南市北區北華街311號
電話：06-2236380
創建年代：清道光年間（1820）

　　白龍庵，清道光年間為福州人所建，原位置在尖山北麓，鎮北坊台灣總鎮署之右（今公園路聯勤配件廠）建廟，位於軍事營署分布的區域，武營中尤為崇奉，是戍防班兵祈福求安之所，因之稱為全台白龍庵。日明治31年（1898）日人將總鎮署改建陸軍經理部廳舍，白龍庵遭魚池之殃，所有神像由一位炮兵隊之挑水夫王保，搬請至家中安奉，其後再迎請合祀於大銃街元和宮。

　　據《安平縣雜記／風俗現況》記載：六月，白龍庵送船。每年由五瘟王爺擇日開堂，為萬民進香。三天後，王船出海（紙製王船），先一日，殺生。收殺五毒諸血於木桶內，名曰「千斤擔」。當擇一好氣運之人擔出城外，與王船同時燒化。民人贈送品物米包，名曰「添儎」。是日出海，鑼鼓喧天，甚熱鬧。一年一次，取其逐疫之義也。

全台白龍庵中軍府

西來庵正殿

　　在日治初期1898年的《台灣日日新報》報導：「台南白龍庵崇祀五靈公……迎神遍遶城廂內外街衢……又有以人身裝束者，俱係散髮塗面粉白黛綠，十色五花，狀極獰惡或如靈官，或如夜叉。大約牛頭獄卒之類，服飾皆用五采綾羅，炫奇鬥靡，每八人為一隊，則稱駕前八家將，十人則稱為十家將，分列神轎前爰，前驅跳擲傾，自成步驟」。八家將、十家將的名稱，首度出現在報紙中，所以有台灣家將團的發源地來自全台白龍庵之說。

如意增壽堂家將爺

白龍庵畢中軍

廟宇藝術與文創

全台白龍庵當時是多大的廟宇？

　　清光緒元年（1875）的台灣府城街道圖中，非常清楚的標出白龍庵的地理位置在台灣鎮署之右（今公園路聯勤配件廠），地圖中無法窺知全台白龍庵究竟占地有多大，剛好在《台灣總督府公文類纂宗教史料彙編（明治28年10月至明治35年4月）》內的調查報告中有清楚的紀錄：在明治30年（1897）12月日人所作的社寺、廟宇調查所屬財產表中，編號八四——白龍庵寺廟建築物占地為七十坪，寺廟用地則有一百五十坪，建立年度為同治元年（1862），所在地名稱為鎮台街。那究竟當時白龍庵約有多大呢？可跟編號六三的元和宮——占地為八十坪作簡單的比較，就是約比元和宮面積略小一號的建築物就對了。

　　據傳當時的寺廟格局共計七進，前殿為中軍府，二至六進大殿由五部分占一殿，後進為十二刑部，供奉三司六部及三十六天罡、七十二地煞，將爺一百零八尊。

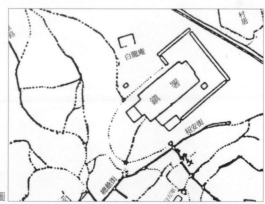

光緒元年（1875）的台灣府城街道圖

顯靈公張部

圖解神明鑑賞

五福大帝分別是顯靈公張元伯、應靈公鍾士秀、宣靈公劉元達、揚靈公史文業、振靈公趙光明等五位靈公。顯靈公張元伯傳說記載：「南方赤炁鬼王姓張名元伯，領萬鬼行熱毒之病。」

顯靈公張部額頭上有一道裂痕，是其代表性標誌

顯靈公張部手拿葫蘆扇和布巾也是一大特色

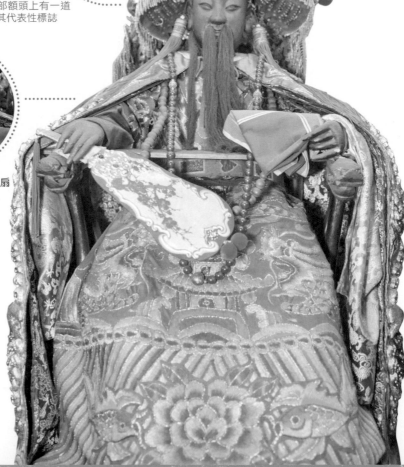

應靈公鍾部

圖解神明鑑賞

應靈公鍾士李傳說記載：「北方
黑氒鬼王姓鍾名士季，領萬鬼行
惡毒霍亂、心腹絞痛之病。」

應靈公鍾士李鳥嘴的
造型，令人過目不
忘。相傳是嘴巴中毒
腫起來

左手

左手持巾

右手

右手持扇

信仰源流延伸考

圖解神明鑑賞

宣靈公劉元達傳說記載：「東方青炁鬼王姓
劉名元達，領萬鬼行惡風之病。」

宣靈公劉元達
方臉大耳，福
氣飽滿

宣靈公劉元達在溫文忠厚
的外形下，微笑的表情傳
達出看顧信眾的心情

右手

右手持扇，
愜意溫文

左手

左手持巾

揚靈公史部

圖解神明鑑賞

揚靈公史文業傳說記載:「中央黃炁鬼王姓
史名文業,領萬鬼行惡瘡癃腫之病。」

揚靈公史文業
面目祥和

揚靈公史文業面帶微笑,
有讀書人的氣質

右手

右手持扇

左手

左手持巾,
道指優雅

振靈公趙部

圖解神明鑑賞

振靈公趙光明傳說記載：「西方白㾦鬼王姓趙名公明，領萬鬼行注㾦之病。」

振靈公趙光明
大眼隆鼻，不
怒而威

振靈公趙光明雙眼炯
炯有神，能看清世事

白龍庵畢中軍

圖解神明鑑賞

白龍庵畢中軍姓畢名忠，有抽菸的習慣，所以信眾祈拜一定要請中軍爺抽一支，而且點菸的方法有規矩，需左手按住打火機，右手輕敲菸嘴幾次，而且神明要抽的菸不能用自己的嘴先吸，因為這樣是不敬的。農曆8月14日是白龍庵畢中軍的聖誕日，較不為人所知。

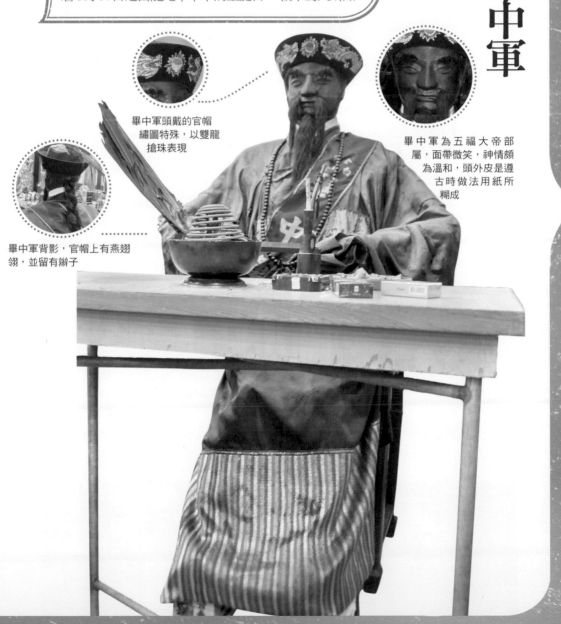

畢中軍頭戴的官帽繡圖特殊，以雙龍搶珠表現

畢中軍為五福大帝部屬，面帶微笑，神情頗為溫和，頭外皮是遵古時做法用紙所糊成

畢中軍背影，官帽上有燕翅翎，並留有辮子

信
仰
源
流
延
伸
考

家
將
源
流
考

- 司職：公爺駕前護衛、驅除邪祟
- 家將例祭日：5月13日
- 著名廟宇：全台白龍庵、全台西來庵

架勢十足的家將小差

神明來歷與鑑賞入門

在明末海外散人陳發曾之《榕城記聞》文人筆記中記述中國福州一郡之瑣事：

明崇禎（1642）十五年載：「二月，疫起。鄉例祈禳土神。有名者為五帝者。于是各社居民鳩集金錢，設醮大儺。初以迎請排宴，漸而至于設立衙署，置胥役；收投詞狀、批駁文書，一如官府。而五帝所居，早晚兩堂，一日具三膳，更衣晏寢，皆仿生人禮。各社土神，參謁有期。一出則儀仗車輿，印綬箋簡，彼此參拜。有中軍遞帖到門走轎之異。繼作紙舟，極其精致，器用雜物，無所不備，興工出水，皆擇吉辰，如造舟焉。出水名曰『出海』，以五帝逐疫出海而去也……更有一種屠沽及游手之徒，或扮鬼臉、或充皂隸，沿街迎賽，互相誇耀」

以扮相仿擬魔鬼或官方的護衛藉以驅除邪祟，這是我們現在稱的「家將」的早期雛形。

清末美國傳教士盧公明（Justus Doolittle），他在中國活動20餘年，從1861至1864

代天府

官府投文

家將團攜帶的刑具

挑刑具者為家將團的
前導與帶路

年四年間在福州傳教，對當時的社會風俗的觀察中提到：有人妝扮五帝神前的隨從護衛，並有人挑著與縣府衙門裡刑罰犯人相同的刑具參加遊行，並有四季將與五方鬼。此描寫不就跟我們現在看到的廟會遊行活動的家將團是一模一樣的，只是當時他們的時代背景是在進行驅瘟逐疫的任務。

在日治時期的《台灣日日新報》（1898.09.01）〈迎神瑣說〉曾報導台南的迎神活動：「台南白龍庵崇祀五靈公。向有驅瘟出海之例。俗名之為迎老爺。自該廟廢為倉庫。此調久已不彈。惟亭仔腳西來庵尚沿成例。陰曆六月廿六日為驅瘟出海之期。先期三日。迎神遍遶城箱（廂）內外街衢。鑾輿四五乘。儀仗甚都。前導一中軍府。翎頂鹵簿。均與官同然。……又有以人身裝束者。俱係散髮塗面。粉白黛綠。十色五花。狀極獰惡。或如靈官。或如夜叉。大約牛頭獄卒之類。服飾皆用五采綾羅。炫奇鬥靡。每八人為一隊。則稱駕前八家將。十人則稱為十家將。分列神轎前。執爻前驅。跳躑傾側。自成步驟。膽怯小兒。望而卻走。惟當停午散隊時。遙見老爺轎子

如意增壽堂的家將爐主佛

至。則屈膝行禮。」

　　「八家將、十家將」的名稱，首度出現在日治初期的報紙中，對照現在廟會活動，八家將出陣遶境的場景幾乎是一模一樣。

中軍前導

　　家將是仿擬官方的巡捕組織而設置，家將團因組織任務編制成員的不同，依成陣的人數——四人、六人、八人、十人，分稱四將、六將、八將、什將。未改隸前，家將扮相原由福州籍官兵擔任，日治時期扮相家將改由大銃街元和宮街民接手後，五部公爺各有其堂號及所屬的家將館，隸屬於顯靈公張部的如意增壽堂則因曾有柳爺降駕來行醫濟世一段期間，由於神威赫奕，信眾感其威靈玄奇，家將爺逐漸被神格化，最後整個家將團都被信眾粧塑成神像來供奉，成為台灣家將文化的發源地。

　　隨著府城迎神賽會的擴散效應，家將成為王爺駕前必備的護衛部將，為神界的巡捕組織，府城廟宇界同是有王爺神格之宮廟，也依相同的宗教邏輯，爭相仿效五靈公設有駕前家將團，並隨著家將團先賢受邀南來北往的授徒傳衍家將腳步與陣法，如今全台各地都有家將團的蹤影。

家將小差

圖解神明鑑賞

此尊家將小差原為白龍庵如意增壽堂的家將
面師蔡金永師傅所有，早期在民權路經營來
佛國佛店（現已停業），其贈與給傳藝弟子
黃瑞祥師傅，現經營佛萊國佛店。

家將小差頭部造型

家將小差高
舉右手

左手撩起
前擺的家
將小差

家將小差
神尊背面

架勢十足的家將小差

如意增壽堂家將團

廟宇源流與故事

白龍庵家將團

創立時間：日明治33年（1900）設立家將爐
特色：陣容龐大、具有悠久歷史的家將團

5月13日什家將聖誕與先賢祭

在日治明治39年（1906）8月15日《台灣日日新報》之台南大賽神會中報導：

舊曆十四五日為台南西來庵迎神驅瘟之會。十九廿日為白龍庵迎神逐疫之會。每年以六月間兩庵各開堂結社。然自本年分賽神會費計之。……

白龍庵會較為盛況。西來庵仍如往年。茲將是日賽神會之裝束故事計之於左。西來庵（詩意二十四閣／北管十陣／馬隊四十餘匹／八家將四陣／點心桶二百桶／神輿十二輦／紙龍舟一艘／將爺八員）白龍庵（詩意三十四閣／八家將五陣／北管十五陣／馬隊六十二匹／蜈蚣棚二十六人／鹹甜點心三百桶／神輿大小十輦／紙龍舟一艘／將爺六員）是日鳳山打狗嘉義蔴豆阿猴鹽水港灣裡大目降關帝廟安平並市內居民。及神會中人。擁擠新大路者。有四五萬人。

在昔時的白龍庵八家將就有五陣之多，如再加上在旁隨從幫忙的人，推測最少也

上圖：如意增壽堂家將金身；下圖：如意增壽堂壇位前牲禮

上圖：如意增壽
堂壇位
右圖：如意增壽
堂先賢位

達到百人以上，可想而知有志於家將團的先人之多。

　　全台白龍庵如意增壽堂的家將爐是庚子年（日明治33年，1900）所設立，如意增壽堂先賢位是在30年後的日昭和6年（1931）設立，每年逢農曆5月13日家將聖誕祭祀時，會將先賢位掛於家將館堂上讓後代上香緬懷與致敬，一脈傳承至今。家將文化從福州傳到台灣台南再從府城往南北擴散傳衍出去。

祭拜家將必備的二大食品──繼光餅與紅糟肉

　　這二樣東西是道地的福州人料理，繼光餅又稱光餅，傳說繼光餅是由明朝將軍戚繼光所發明，在剿滅倭寇期間，為了避免炊煙被倭寇偵查到軍隊的行蹤，為確保行軍迅速，以麵粉製成圓餅，中打一孔，串掛在戰士身上，作為行軍乾糧。後為紀念戚繼光抗擊倭寇的功績，當地人民競相仿製，

上圖：以麵粉製成圓餅──繼光餅，中打一孔，串掛在戰士身上，作為行軍乾糧
下圖：福州人喜用紅糟來料理食物

如意增壽堂的家將爐是庚子年日（明治33年）所設立

稱之為「光餅」。現由於繼光餅取得不易，祭拜則以其形相同的甜甜圈來取代。

紅糟是紅麴製成老酒所剩下的酒渣，福州人喜用紅糟來料理食物，做成的紅糟肉、紅糟排骨、紅糟鰻。紅糟肉現則以炸肉來取代。

祭拜家將必備此二大食品是福州官兵所留下來的遺風。

老照片說故事——7月10日張部聖誕家將拜壽

老照片是民國50年攝於當年家將爐主李水櫃（裝扮大爺）自強街170號家中，準備往白龍庵向五福大帝的顯靈公張部公爺拜壽前的合影。

往昔全台白龍庵顯靈公駕前如意增壽堂什家將，每逢農曆7月10日顯靈公張部公爺聖誕千秋的日子，都會出將侍王祝壽，恭賀主公顯靈公張部聖誕千秋，當日下午會先從當年輪值的爐主那裡整軍，往大銃街白龍庵向主公拜壽。

照片當時的扮神人員分別是：

小差前是潘清標；後是董峰源

右1頭排柳爺是林三本

民國50年如意增壽堂什家將老照片

左1甘爺是林濟川

右2大爺是李水櫃

左2二爺是李宗展

左3四季是郭來興

右5文判是呂彩

左5武判是黃清吉

獲頒教育部薪傳獎

扮相什家將出巡的風俗,最初是由總鎮衙署的官兵所
伴相,後來才由大銃街的街民繼承,崇尚倫理道德、敬老
尊賢,一脈相傳迄今已有百餘年,館規規定嚴格,且宣誓
不得職業化,須侍奉主公才能扮相,操練嚴謹獨樹一格。
民國83年,教練陳欽明榮獲教育部薪傳獎,並代表國家應
邀至外國表演,暄慰僑胞,以發揚獨特家將文化,成為優
質廟會文化典範。

家將教練陳欽明

西來庵
開基軟身劉主公

圖解神明鑑賞

開基軟身劉主公為原西來庵在亭仔腳時代所留下來的神尊。圓潤的面相，總是面帶微笑，為年輕童子造型。

蒲扇

右手持蒲扇翩翩風度

為年輕童子面相，圓潤面帶微笑

冠冕

開基軟身劉主公頭戴王爺帽，冠冕造型特殊

帕巾

左手持握帕巾，亦常見於一般神明

開基軟身劉主公

廟宇源流與故事

西來庵鎮殿劉主公

> **全台西來庵**
> 地址：台南市北區大興街178號
> 電話：06-2504340
> 創建年代：清道光年間（1820）

　　西來庵創建於清道光年間，主祀神明五福大帝，由福建省福州白龍庵奉請香火，始建廟於亭仔腳（現今青年路121-123號），是一間扶鸞問事的處所，當時西來庵五福大帝有八部堂，是原先的「張、鍾、劉、史、趙」五部，再加上「田、牛、雷」三部，據聞這三位是劉部靈公的師兄弟，以劉部堂為主宰，因此西來庵的劉部常被稱作「亭仔腳王爺」。

　　西來庵的信徒中分屬兩派：福派與春派。其中福派信眾以台南市中上階層為主，春派則以噍吧哖（今玉井區）、大目降（今新化區）、蕭壟（今佳里區）、關帝廟（今關廟區）、阿公店（今高雄岡山區）等地農民為主。其中余清芳、蘇有志等就屬於後者春派中的少數識字階層。

　　後因西來庵事件（噍吧年事件）抗日烈士余清芳、蘇有志、羅俊、江定、鄭利記、陳清吉等以西來庵為抗日根據地，於日治大正4年被日本政府拆毀殆盡，廟地亦被沒收充公。台灣光復後，地方信徒在民國42年募資重建廟宇於牛磨後正興街50號。民國82年因正興街道路拓寬，本廟被拆除，暫奉於正興街27號。民國87年承蒙信徒楊耀成捐獻廟地，地方士紳募資，重建於大興街178號現址，於民國88年動土，民國90年舉行入廟安座大典。

五福大帝八部堂其中之牛部　　劉主公武身造型　　劉主公的三位老師：竹葉仙師、道老、尊老

圖解神明鑑賞

開基惡面劉主公為正興街時代所留下來的神尊，身穿文武袍，臉型眉骨高突，鳳眼，大鼻，顴骨外露，具威嚴相。

眉骨高突，鳳眼，大鼻，顴骨外露，一臉威嚴相

以虎皮為座椅巾

為面惡，身穿文武袍，右身為武甲裝扮

左手外屈，輕提腰帶，展現威嚴

開基惡面劉主公

廟宇源流與故事

　　陳督司（陳清吉）又稱牛奶吉（1870～1950），享年八十歲，育有七男二女，老家住民生路一段35號（現甘本堂蛋糕坊），是日大正4年噍吧年事件的抗日分子。在民國59年間，那時西來庵「水伯」乩童劉主公降駕指示說：弟子陳清吉已升官了！神職稱為陳督司，原來是民國39年陳清吉往生以後，就被西來庵主神劉主公納入其神明

天秝爺

圖解神明鑑賞

天秝爺為西來庵獨有的神明，為職掌糧食之官，右手拿手巾，左手執扇，是亭仔腳時代所留下來的老神像。

眉骨高突，
顯現威武尊容

眼 部 睜大圓眼，
目視一切

嘴 鼻 獅頭鼻，
嘴巴微張

天秝爺

西來庵陳督司

子弟兵跟其修行，歷經20年的修行與積德，功果圓滿終於成神。其後代於民國61年請人樂軒師傅雕塑陳督司神像一尊，於農曆4月26日吉日舉行神像開光大典，隨後安奉於西來庵內，並往天壇領旨，當時在府城傳為美談。

風神廟正殿神明

雷電風
公母神

- 司職：風雨雷電
- 風神爺神誕日：4月26日
- 雷公神誕日：2月1日
- 電母神誕日：5月1日
- 著名廟宇：風神廟

神明來歷與鑑賞入門

　　風、雲、雨、雷、電是氣象中的自然現象，古人當時無法了解這些現象的成因，對於天象的變化——風起雲湧、打雷、閃電、下雨充滿了神祕感與畏懼感，以為是天上的神靈所為，於是將其神格化，由於「風」是無形體，摸不著，但感覺得到，民間遂有風神、風師、風伯、飛廉、蜚廉、箕伯的稱呼出現。

　　《周禮》的《大宗伯》篇：

　　　　以燎祀司中、司命、風師、雨師。

風神廟風神爺

風神爺護身符

東漢應劭《風俗通義・祀典》：

> 風師者，箕星也。箕主簸揚，能致風氣。

箕星又稱箕斗、斗宿，古人將其想像成簸箕形，故附會此星「主簸揚，能致風氣」，只要搧動簸箕，定能生風。

《龍魚河圖》：

> 風者，天之使者。

古人認為風神速度飛快，為天帝的屬神，受命於天意，主掌刮風、息風，成為天帝的信使。

圖解神明鑑賞

民間相信風神爺的葫蘆內藏有大氣，可興風作浪，想要風調雨順、狂風暴雨，全由風神爺控制自如，由於早期海上船隻的交通，都必須仰賴風力的幫助才能航行，故一般航運業者或貿易商人，為求一帆風順、平安抵達，都會加以崇祀。

右手持如意

風神

鬍鬚及腰

左手捧葫蘆

民間相信風神爺的葫蘆內藏有大氣,可
興風作浪,想要風調雨順或狂風暴雨,
全由風神爺控制自如

一般航運業者或貿易商人,為求一帆風
順、平安抵達,都會加以崇祀風神

額具三目，臉赤如猴，下額長而銳

裸胸袒腹

右手持槌

雷公

圖解神明鑑賞

風神廟內主祀神明為風神爺，還配祀有雷公與電母。雷神的信仰源自於古人對氣象的自然崇拜，因狂風暴雨、電閃雷擊所造成的災難和死亡，由於無法理解大自然的力量與害怕，認為是一股神祕的力量所操縱，即「自然神」，再由自然神進而成為人格化的神明。明清之時雷神的形象逐漸統一，由獸形到半人半獸形，其形象如：清‧黃斐默《集說詮真》云：「今俗所塑之雷神，狀若力士，裸胸袒腹，背插兩翅，額具三目，臉赤如猴，下額長而銳，足如鷹鸇，而爪更厲，左手執楔，右手持槌，作欲擊狀。自頂至傍，環懸連鼓五個，左手盤躡一鼓，稱曰雷公江夫君。」

左手執楔

足有厲爪如鷹鸇

《山海經・海內東經》云：「雷澤中有雷，龍身而人頭，鼓其腹，在吳西。」

雷神最初形象為獸行神，並無所謂雌雄。逐漸人神化，成為力士狀，變成男性神，俗稱雷公

圖解神明鑑賞

最初的雷神是兼司雷、電二職的，雷公逐漸男性化後，電神便自然演變為雷公的配偶神，成為電母「閃電娘娘」，雷公則被取而代之。電母之稱，早在唐代即已出現。唐・崔致遠的《補安南錄異圖記》云：「然後使電母雷公，鑿外域朝天之路。」《元史・輿服志》載，元代軍中即有「電母旗」，上面形象為：「畫神人為女人形，繡衣朱裳白褲，兩手運光。」《封神演義》則將電母說成是金光聖母。明・余象斗所著《北遊記》卷四，將電神說成朱佩娘，雷神給了她雷電鏡二面，雷神打人時，電母「先放電光，照得明白」。

雷母

佩戴首飾的電母形象增添了柔性氣質

電母的形象常現以婦女之像，兩手持鏡代表閃電，鏡子反射日光，如同閃電的亮光，即所謂「兩手運光」

雷公的配偶神電母——閃電娘娘

元代軍中即有「電母旗」，上面形象為：「畫神人為女人形，繡衣朱裳白褲，兩手運光。」

明代神魔小說《西遊記》、《封神演義》中都曾出現電母作為雷神的助手角色

雷公的配偶神電母——閃電娘娘。電母之稱，早在唐代即已出現

風神廟外觀

廟宇源流與故事

風神廟
地址：台南市中西區民權路3段143巷8號
電話：06-2277540
創建年代：清乾隆4年（1739）

　　風神廟是台南市的直轄市定古蹟，是全台灣唯一一間主祀風神的廟宇，也是台灣府城七寺八廟之一。

　　清乾隆4年（1739），由台灣道巡道鄂善所建立，就設在台灣府大西門外面南河港的河道右側、安瀾橋的旁邊。當時的風神廟是一棟三進的建築，其第一進是大門，第二進是官廳，第三進便是風神廟，之後並加建大士殿成為第四進。

　　清乾隆42年（1777）台灣府知府蔣元樞重修風神廟，又因接官亭地位為府城門戶，故又建立一石坊於風神廟前，以壯大聲勢。

　　日大正7年（1918）為了拓寬府城時代大東、大西門之間的道路（今民權路），將原官廳之後的建築拆除，原官廳則改作風神廟。日大正13年（1924）居民將此官廳重建風神廟，民國84年，古蹟修復，並拆除坊前民宅，重現坊前空曠風貌，續修復石造鐘樓、新建石造鼓樓。

風神廟三川殿

風神廟正殿

廟宇藝術與文創

接官亭石坊

接官亭石坊為直轄市定古蹟，位
於風神廟前，是清朝時期台灣府城的門
戶，為營造接官氣勢，接待自大陸來台
赴任的官員而建，是府城內現有的四個
石坊（泮宮石坊、蕭氏節孝坊、重道崇
文坊、接官亭石坊）之一，為四柱三間
二樓歇山重簷的建築型式，且是台灣島
內石坊中最碩大壯麗的。

接官亭

風神廟匾額「和以被物」

風神廟的匾額：「和以被物」。《風
俗通義·祀典》云：「鼓之以雷霆，潤之
以風雨，養成萬物，有功於人，王者祀
以報功也」。風神與雷神、雨神等合作，
而有養育萬物成長的功能。

風神廟的匾額「和以被物」

開隆宮七星娘娘

- 司職：護幼之神
- 七星娘娘神誕日：7月7日
- 著名廟宇：嘉義太保市福濟宮、雲林縣水林鄉七星宮

七星娘娘

神明來歷與鑑賞入門

　　七娘媽又稱為七星娘娘，有人則認為是包括織女在內的七仙女，她們的織藝高超，能織出美麗若雲彩的衣裳，披穿天衣，可以自由飛翔於天上人間。相傳七娘媽為天帝的第七個幼女，就是織女。相傳牛郎織女兩人因陷入愛河而怠忽職守，引得天帝震怒，一氣之下將倆人分居於銀河兩岸，一年只能相會一次，亦有人將七星娘娘認為是北斗七星的配偶神，都是天上的星星神格化而來。

　　清康熙59年（1720）《台灣縣志‧輿地志 / 歲時》描述七夕習俗：

上圖：開隆宮壁畫「月下乞巧會」；下圖：祭拜七娘媽的供品非常多

　　七月七夕，為「乞巧會」。家家備牲醴、果品、花粉之屬，向簷前燒紙，祝七娘壽誕，解兒女所繫五采線同焚。今台中書舍，以是日為大魁壽誕；生徒各備酒肴，以敬其師。

　　清代方志記載可知，早期台灣各地在七夕時就有拜七娘媽與「乞巧會」的習俗，清雍正年間就備有紙糊的七娘媽亭，還備有七份的鴨蛋、飯盒，並請道士獻祭。至清乾隆以後發展至全台各地。

　　人們相信七娘媽會庇護保佑小孩子平安長大，因此視七娘媽為幼兒的守護神。

圖解神明鑑賞

清領時期在家「拜七娘媽」是全台各地的習俗，於7月7日晚上在家裡中庭前對天獻祭。婦女們會在月下設香案，備針線、花粉、瓜果、胭脂之類祭拜織女及牛郎星，祭畢，向月引線穿針，如能穿過，視為得巧美兆，並將花粉拋向屋頂獻祭。民間信仰裡相信織女具有手巧而美麗賢慧的神格特質，織女亦稱為七星娘娘，又尊稱為七娘媽。

鳳 冠

七星媽的鳳冠垂玉特別碩大，配戴的寶飾也相對的具有分量

臉 部

雍容慈祥、和顏悅色，七星媽的神情令人安定心神

服 飾

七星媽穿著的服飾，繡工精細繁覆、用色飽滿，呈現鮮豔奪目的色彩

廟宇源流與故事

台南施元興紙店之七娘夫人圖

　　開隆宮位於古代禾寮港分支港頭之龍鳳坪。因附近有由西側鷲嶺大上帝廟（即今之北極殿主祀玄天上帝）四條街，通往東側嶺及嶺後街之枋橋，因此俗稱為枋橋頭七娘境天女七星娘娘或枋橋頭開隆宮七娘媽廟。創建於清雍正10年（1732），奉祀七娘媽，就是天女七星娘娘，名曰：天樞、地璇、人璣、時權、玉衡、開陽、瑤光等七身娘媽神像，係由浙江省海寧縣直接分香而來，為全台歷史最久，最具特色的七娘媽廟。

　　而陪祀的神明又有註生娘娘和臨水夫人，這些都是與孩童出生、懷孕生產、養育成長息息相關的女性神明，為人父母為祈求早生貴子，分娩（生產）平安，幼兒子女能平安長大成人，自然會到開隆宮來祭拜。

廟宇藝術與文創

做16歲成年禮源流

　　台南城西五條港碼頭早期由於貿易日盛，來往船隻停靠碼頭後，需要很多的勞動人力（又稱碼頭苦力）來為各行郊搬運裝卸貨物，但未滿16歲的童工，到碼頭幫忙，卻只能領成人工資的一半，為了讓已成年的年輕朋友可以領全薪，在家裡做完16歲儀式後，並公開宴請工頭與親朋好友齊來見證，公告周知小孩已成年，以後即可領到全薪的大人錢。發源自南勢街郭姓之做16歲的形式，具有以下四點特色：1.藉著七娘媽生拜七娘媽。2.由外婆家來做16歲。3.分贈親友紅龜粿品。4.公開儀式宴請親朋好友。此俗便在五條港區裡流傳，並由城西傳至城內，由勞動者傳入一般家庭，逐漸發展到全市。

七娘媽亭

開隆宮做16歲成年禮

開基五帝爺

- 司職：掌火去瘟之神
- 五顯大帝聖誕千秋日：農曆9月28日
- 五顯大帝飛昇紀念日：農曆5月5日
- 著名廟宇：五帝廟、嘉義王靈宮、埔心五通宮

神明來歷與鑑賞入門

　　五顯大帝，亦稱華光大帝、五顯華光大帝、五顯靈官大帝華光天王，道教稱作五顯靈官馬元帥，是道教護法四聖之一、三十六官將之一，佛教稱為華光天王佛，簡稱五帝爺。

　　依《華光天王傳》和《北遊記》的說法，華光乃「火星」，是「火之精，火之靈，火之陽」，被玉帝封為「火部兵馬大元帥」之職，故視之為「火神」，有三隻眼，故又稱「三眼華光」、「三眼靈光」、「三眼靈耀」、「華光天王」。並有「金磚」、「風

五帝廟內五顯大帝神尊

龍降火龍數條」及「火丹」之法寶，只有北極真武大帝的北方壬癸之水，才能將其制服。

　　五顯大帝的故事至遲於元代就已在民間流行。明代雜劇《華光顯聖》是部專演華光的傳說故事，經廣泛演唱後，而為民間所熟知。五顯大帝並被視為鎮守中界，護國佑民，求長壽得長壽，求富饒得富饒，萬民求男生男，求女生女，買賣一本萬利，讀書者金榜題名，有求必應，無感不通，感顯應驗之神祇。

圖解神明鑑賞

五帝廟開基五顯大帝因遭白蟻蛀蝕而於民國100年重修完成，據廟方說已有325年的歷史，重修時神像裡藏有一張神像命書，內寫有清康熙25年（1686）間建造。

由於五顯大帝也是佛教的華光如來，所以呈現金色的膚質

玉　帶

右手執玉帶顯現威儀

踏　墊

五顯大帝腳踩的椅墊非常特別，以虎頭圖騰表現，恰與倚靠的虎紋毯相襯

五顯大帝的第三隻眼
——「天眼」，可見天
地水三界之事

五帝爺的法寶——
金刀鍊成一塊三角
「金磚」，專治邪魔

五顯大帝，被玉帝封為「火部
兵馬大元帥」之職，故視之為
「火神」，有三隻眼，故又稱
「三眼華光」、「三眼靈光」、
「三眼靈耀」、「華光天王」

五帝廟五顯大帝神尊背面身影，
座椅繪披虎皮毯，有王者之尊

五顯大帝的故事至遲於元代就已在民間流行，並被視為鎮守中
界，護國佑民的神祇

五帝廟拜殿

廟宇源流與故事

五帝廟
地址：台南市中西區忠義路2段87號
電話：06-2285354
創建年代：明鄭時期（1661~1683）

五帝廟外觀

　　五帝廟創建於明鄭時期（1661～1683），前身為觀音堂，供奉觀世音菩薩及五顯大帝，後因五顯大帝威靈顯赫，神通廣大，有求必應，香火旺盛，膜拜之善男信女絡繹不絕。先代之志士有感廟之規模略小，因而至清嘉慶元年（1796年），由境內建廟於今中正路與忠義路交叉之中心，坐南向北，並雕

塑五顯大帝金身（軟身）及鎮殿五顯大帝金身（泥塑）和火將軍、風將軍之將爺，廟之規模因而宏大壯觀，並由觀音堂改名為五帝廟，五帝廟之名乃始而定之。

　　清同治12年（1873）重建；日大正12年（1923）9月，因市區改正，原址所當其衝，大正13年於現址改築為坐西向東之廟貌，此次拆除改建之建材全部使用原來之舊址廟宇拆下材料，搬至現今之址組裝；民國37年由王天恩、潘麗水、林煥彩再次發起重修；民國67年因廟貌陳舊，由信徒董水治女士、周金建先生發起再修；民國101年由現任主委陳等村、林柏州、郭發起重建。

廟宇藝術與文創

　　五帝廟是屬於府城的老廟，雖經過遷移仍有不少的古味。五帝廟內極重要的國寶級文化資產留有潘麗水之父潘春源的濕壁畫，為民國36年丁亥年的作品。

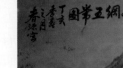

1.五帝廟潘春源大師濕壁畫
2.五帝廟潘春源大師濕壁畫
3.五帝廟潘春源大師濕壁畫題字落款

東嶽殿東嶽大帝

東嶽大帝

- 司職：掌管地府之神
- 東嶽大帝神誕日：農曆3月28日
- 著名廟宇：東嶽殿

神明來歷與鑑賞入門

　　據《三教源流搜神大全》東嶽篇稱：「泰山乃群山之祖，五嶽之宗，天地之孫，神靈之府也」。泰山為五嶽之首，五嶽即東嶽泰山、南嶽衡山、西嶽華山、北嶽恆山和中嶽嵩山。泰山神東嶽大帝是源於古人對大自然的山川崇拜，大山的雄偉與神祕讓人認為具有神力，進而演變成山嶽的神化和人格化，天帝之孫其職「主召人魂魄」，因為「東方，萬物使成，知人生命之長短」。

　　泰山又名岱宗，地位崇高，《孟子》：「登泰山而小天下」，更是中國歷代皇帝受命於天下封禪之山，封是祭天，禪為祭地，帝王們在泰山上築土為壇祭天，極天之功（封），在泰山下梁父闢場祭地，報地之功（禪），據《史記・封禪書》之記載在泰山舉行過封禪大典的有七十二個帝王。

　　泰山神從「泰山府君」至漢明帝時，封為「泰山元帥」，執掌人世居民貴賤高下之分、祿科長知之事、十八地獄六案簿籍、七十五司生死之期，權勢極大，受到歷

東嶽殿神像群

代帝王的崇拜，唐武后垂拱2年（686），封為「神嶽天中王」。武后萬歲通天元年（696）又尊為「天齊君」。唐玄宗開元13年（725）加封「天齊王」。宋真宗大中祥符元年（1008），詔封「東嶽天齊仁聖王」，四年又尊為帝，稱「東嶽天齊仁聖帝」。後又加封為「東嶽天齊大生仁聖帝」最後成為「東嶽大帝」。

民間信仰有「魂歸東嶽」之觀念，泰山地處東方，陰陽交泰，萬物之始，有生必有死，故泰山東嶽大帝，職掌人間、陰間人生命之長短與禍福，且掌管十殿閻羅王，為百鬼之帥，是道教地府的最高神明。

東嶽殿正殿

圖解神明鑑賞

東嶽大帝神像，肅穆端坐，身著龍
袍，雙手合抱放於右前，手的部位只
出現大拇指，為俗稱的「抱袖（壽）
體」造型，冕冠九旒，儼然帝王。

東嶽大帝神像
尊容肅穆祥和

身著龍袍，為雙手交
握只出現大拇指之
「抱袖（壽）體」

雙腳
踩踏
獅子

東嶽大帝神像側身神尊

東嶽殿開基東嶽大帝

廟宇源流與故事

　　台南東嶽殿又稱東嶽廟或嶽帝廟，創建於明永曆27年（1673），東嶽殿主祀東嶽大帝，又稱東嶽泰山天齊仁聖大帝，為全台首廟。因東嶽即泰山，相傳東嶽大帝職司泰山，功高五嶽，權掌人間的富、貴、福、祿、壽考，懲惡罰奸，主召人魂魄，為道教陰司地府之主神，也是十殿閻王的首席。

　　歷年來經過多次修建，日治時期以來，二次拓寬廟前道路而將鐘鼓樓及三川門拆除，門前石獅座也被移走，廟貌改變甚多。民國68年，再因拓寬廟前建國路為十五公尺道路，拜殿又被拆除，廟門也被迫移到騎樓邊，正殿緊臨喧囂的道路，與原來有寬廣的廟埕相比，真是天壤之別。民國80年重修，越三年竣工，現建築原正殿成為前殿，主祀東嶽大帝，中殿主祀地藏王菩薩與十殿閻羅，後殿主祀酆都大帝，尚保存古典樸實之貌。

東嶽殿
地址：台南市中西區民權路1段110號
電話：06-2202322
創建年代：明永曆27年（1673）

上圖：中殿地藏王菩薩與十殿閻羅
下圖：後殿酆都大帝

廟宇藝術與文創

東嶽殿科儀

　　東嶽殿為全台首廟，地位崇高，為宮廟進香、領地旨的首選，偏殿並有提供打城科儀的場地，為祖先亡魂提供拔度科儀，讓其離苦得樂，為現代晚輩對先人作功德之補償法事。

左圖：「打城」即是法師持七星劍，象徵性劃破枉死城，代表領出亡魂出「枉死城」

右圖：宮廟領地旨需有東嶽殿仁聖大帝的印鑑才可。

信仰源流延伸考

福清司牛將軍

圖解神明鑑賞

一般民間俗稱的牛頭馬面就是牛將軍和馬將軍，皆為東嶽大帝的主要部將。牛頭將軍右手高舉狼牙棒，臉龐五官奇特，令人不寒而慄。佛教經典《鐵城泥犁經》：阿傍為人時，因不孝父母，死後在陰間為牛頭人身。

福清司牛將軍頭上高戴牛頭帽

狼牙棒

福清司牛將軍右手高舉狼牙棒、左手插腰，動作令人望而怯之

福清司牛將軍臉龐五官奇特，與馬將軍並稱

福清司馬將軍

圖解神明鑑賞

東嶽大帝審判後，會由牛、馬將軍押送亡魂到酆都大帝處執行法令。馬面將軍右手高舉鐵釵、左手插腰，動作令人望而怯之。形象分別是馬頭人身，身穿武裝戰甲，右手持鐵釵，馬面亦稱馬面羅剎，《楞嚴經》卷八稱「亡者神識，見大鐵城，火蛇火狗，虎狼獅子，牛頭獄卒，馬面羅，手持鎗矛，驅入城，向無間獄。」

鐵 釵　身穿戰甲，腳站丁字步，威武雄壯，右手高舉鐵釵，左手按在護腰

福清司馬將軍臉龐五官奇特，與牛將軍並稱

福清司馬將軍頭上高戴馬頭帽

齊天大聖

- 司職：孩童之神
- 齊天大聖佛誕日：農曆 10 月 12 日
- 著名廟宇：萬福庵

萬福庵齊天大聖以及猴子猴孫

神明來歷與鑑賞入門

齊天大聖與萬福庵

　　齊天大聖在台灣民間尊稱為大聖爺、大聖王、猴齊天、美猴王孫悟空、孫行者。南宋《大唐三藏法師取經詩話》和《西遊記平話》殘本，以及元末明初楊景賢的《西遊記》雜劇，已有孫行者的描述。

　　民間受到明朝吳承恩所著《西遊記》神魔小說的影響，及四百年來西遊記的故事紛紛被改編成各種地方戲劇與電影、電視劇、卡通漫畫等的

萬福庵普度之金毛美猴王齊天大聖形像

流傳，生性調皮活潑，駕著觔斗雲，一縱十萬八千里，擁有火眼金睛，手持金箍棒，會七十二變的金毛美猴王形像深植人心，大聖爺成為有情有義，具有嫉惡如仇、勇敢

萬福庵齊天大聖眾神像

聰明，神通廣大無邊的神性，是正義使者的化身，是專門剋制妖魔鬼怪的神仙。

近代在福建省順昌縣發現有「雙聖廟」，建築於元末明初，廟內是一座並立著兩塊石碑的古代合葬神墓。左碑上刻著「寶峰齊天大聖神位」，右碑刻著「通天大聖神位」，學者推論雙聖廟為孫悟空兄弟合葬墓，是研究齊天大聖的重要史蹟與發現。

猴靈樹王公

萬福庵照牆旁有一棵老榕，樹身結有多棵樹瘤，瘤形像是齊天大聖的猴子猴孫齊聚一堂，民間稱「猴靈樹王公」，傳聞大聖爺專門醫治小兒科毛病，樹王公的榕樹葉可是萬福庵齊天大聖的濟世法寶，常被加持成為「藥引」，為大聖爺幫助信徒消災解厄的妙方。

猴靈樹王公

圖解神明鑑賞

民間祭祀的齊天大聖神像造型是猴首人身，兩眼圓突，身穿綠袍文武甲，採坐山頭之坐姿，文武雙全，花果聖王之姿，神氣十足。

山頭　山頭為花果山

武甲　上身右手邊穿的是武甲

從開基齊天大聖背部觀看，其頭部為圓頭狀

雙眼圓凸為
火眼金睛

雙眼

猴首人身代表靈猴轉世

**猴首
人身**

文甲

上身服飾左領外翻
成紅色衣襟，是為文袍

開基齊天大聖身穿的袍服為開襟式，
紅色底非常顯眼

猴首人身代表靈猴轉世，兩眼為火眼
金睛，綠袍文武甲代表文武雙全

萬福庵主祀三寶佛、觀音佛祖及齊天大聖

廟宇源流與故事

萬福庵
地址：台南市中西區民族路2段317巷5號
電話：06-2200508
創建年代：明鄭時代

　　萬福庵創建於明鄭時期（1661～1683），奉祀三寶佛、觀音佛祖及齊天大聖，配祀齊天大聖是台灣祭祀大聖的開端及本山。原為鄭成功部將阮駿（季友）遺孀信佛持齋終老之所。阮季友於明永曆10年（1656）陣亡於舟山之役。明鄭時期結束，改為寺庵，稱「阮夫人寺」，內有「明英義伯阮公季友神主」，為現存最古牌位之一。清嘉慶11年（1806）里人蕭元鋗鳩資重修，取其原名諧音稱為「萬福庵」；民國37年修建一次；民國39年信徒聘請寺姑吳岡市與修妙師前來本庵監院與主持；民國61年（1972）原建築改建為二樓新式廟宇；民國84年再修並舉行建醮大典，現正重修中，目前只有廟前照牆仍為建築舊物。

阮季友神主牌為現存最古牌位之一

廟宇藝術與文創

萬福庵照牆由來傳說

　　照牆又稱照壁、影壁（隱蔽）。照有光明之感，壁有辟除之意，取辟邪迎祥之義。照牆古名罘罳，又名復思，取名反覆思量之意。提醒一切進出之人，須正衣冠、重禮儀，莫有非分之想。照牆是主建築物的屏障，有擋住視線，讓人無法一眼望盡建築物之內部。

　　萬福庵之前身為阮駿夫人之府邸，照牆相傳是清靖海侯施琅將軍所建，清軍入台後，施琅宅第也就建在附近，阮夫人因為痛恨施琅滅鄭，特地更改了廳門坐向，想以風水之論來剋死施琅，施琅知悉阮之所思，便在其宅前蓋一照牆來化解反制。

昆沙宮虎邊牆所施做的「李白答番書」剪黏作品局部圖

萬福庵平安符板

萬福庵平安符

　　平安符有如神明的信物，各廟宇皆有不同形式的平安符，除了可安定信眾心理，一般都具有消災祈福、祈求平安的信仰力量。圖中所見為萬福安的平安符板原件，是廟方重要的文化資產之一。

祀典武廟的月老公

- 司職：婚姻之神
- 月下老人神誕日：8月15日
- 著名廟宇：台南大天后宮、台南祀典武廟、
  大觀音亭、重慶寺

神明來歷與鑑賞入門

　　台南祀典武廟的月老祠的對聯寫著「願天下有情人終成眷屬・望世間眷屬全是有情人」，橫聯是「天賜」、「良緣」，月下老人簡稱「月老」，又稱月老公，是未婚男女祈求婚姻的神明。

　　台灣俗諺說的好：「姻緣天註定，不是媒人腳賢行。」即指男女婚嫁皆天註定，非媒人可勉強撮合。而所謂天註定，就是月下老人的姻緣一線牽。所以月老公的前面會放著紅色姻緣線與胭脂水粉（代表緣粉），讓未婚善男信女祈取，望能千里姻緣一線牽。

　　月下老人典故出自《唐・李復言・續幽怪錄・定婚店》。話說唐朝韋固年少未娶，某日夜

祀典武廟月老祠

宿宋城，在旅店遇一老人，在月光下翻看著一本書，旁邊有一口布袋，像在查詢什麼。韋固問老人家在查看什麼東西？老人答：這是一本「天下人的婚書。」韋固又問袋中裡面是何物？老人說：「袋內都是紅繩，用來拴住夫婦之腳。無論是仇敵之家，貧富懸殊，天涯海角，遭此紅繩一繫，便定終身無法逃脫。」這就是「千里姻緣一線牽」的典故。

上圖：大天后宮月老公公
下圖：大觀音亭月下老人

圖解神明鑑賞

重慶寺月下老人右肩披紅布，傳說中月老有一口布袋，內裝紅繩線，俗話「千里姻緣一線牽」，即此紅線促成姻緣。

月下老人白眉白鬍，法令紋明顯，是一位慈祥的老人樣貌

福氣相

月老身材福福泰泰，圓滾滾的大肚有容，一身福氣相，服飾當中有「鶴鳥」圖樣

月下老人右間肩紅布，傳說月老有一口布袋，內裝姻緣紅繩線

衣飾

月老穿著的衣袍上有鶴紋體，象徵福氣長壽

重慶寺月下老人

左手

左手微張手掌

月下老人右手持枴杖，頭戴員外帽，左手置於右腰間

普濟殿月下老人

右手

右手持枴杖，
肩披紅布

由背面看月下老人，其身體微前傾

祀典武廟月下老人前有紅線與緣粉供祈求

祀典武廟六和堂火德星君

神明來歷與鑑賞入門

　　火在日常生活中是扮演不可或缺的角色，火帶來光明與溫暖，但一體兩面，一不小心，也會帶來災難與財產損失，古時的建築物以木構件居多，祝融一來，由於取水困難，救火設備不如現代的齊全與便利，人們最怕火神光臨，古時就有祀火神以禳火災。

　　《神誕譜》：「火德星君，為炎帝神農氏之靈，祀之為火神，以禳火災」。

　　《兼明書・五行神》云：「木神曰勾芒，火神曰祝融，土神曰后土，金神曰蓐收，水神曰玄冥」。

　　《史記・楚世家》謂：「重黎為帝嚳、高辛居火正，甚有功，能光融天下，帝嚳命曰祝融」。

火德星君

司職：火神
火德星君神誕日：6月23日
著名廟宇：法華寺

法華寺火神殿正殿

　　《呂氏春秋・孟夏》謂：「其神祝融」注：「祝融，顓頊氏後，老童之子吳回也，為高辛氏火正，死為火官之神」。

　　《國語・周語・回祿信於聆隧・注》：「回祿，火神」；《左傳・昭十八年》云：「禳火于玄冥、回祿」注：「玄冥，水神；回祿，火神」。

　　《雲笈七籤・總說星》章節中，五星各有名號：東方歲星真皇君（又稱木德真君），名澄瀾，字清凝。南方熒惑真皇君（又稱火德真君），姓浩空，諱維淳，字散融……。

　　火德星君，又稱火德真君，民間稱為火王爺，古人以為南方之神主火，故曰火德星君，亦有祝融、炎帝、回祿、熒惑星等說法，相信祂掌管世間有關火的事物，誕辰日為6月23日，早期的廟宇與街眾都會信奉火王爺或成立火王爺神明會來祭拜火德星君，希望火神不要來光顧，造紙業供奉火德星君，因為紙怕火，大部分的供奉者為消防人員，而火德星君就是消防人員的守護神。

圖解神明鑑賞

法華寺南極大帝神尊，頭戴帝帽，睜眼
表情嚴肅直視前方，身穿龍袍，雙手持
白玉奏板於胸前 ，臉部與手部著膚色。
古人以為南方之神主火，相傳主南方熒
惑星，南極大帝即代表之一。

法華寺南極大帝

廟宇源流與故事

法華寺
地址：台南市中西區法華街100號
電話：06-2147700
創建年代：清康熙47年（1798年）

法華寺火神殿

法華寺火神殿

　　法華寺前身為隨鄭經來台逸士李茂春的住所，稱為「夢蝶園」，李茂春去世後，其僧友將其故居改建為「準提庵」，供奉準提菩薩。清康熙23年（1684年）台灣知府蔣毓英集資在此建佛寺，並將寺名改為法華寺。康熙47年（1798年），鳳山知縣宋永清率眾捐款修寺，建三進寺舍，前殿供奉火神（南極大帝），匾曰「離德昭明」；中殿供奉觀音菩薩，後殿供奉準提菩薩，並在後院另設禪房，種竹木花果。乾隆29年（1764年）時，台灣知府蔣允焄重修，並重建火神廟於寺右，火神殿格局就此固定下來至今。

廟宇藝術與文創

　　法華寺火神殿是清代時府城內外廟宇街境火王爺的開基祖廟，根據日治時期的調查，府城內祭祀火王爺在清代成立的祭祀會就有10個，昔時每逢火王爺農曆6月23日聖誕之時，各火王爺會從6月1日開始，都會輪流排訂日期回到法華寺火神殿幫火王爺祝壽，非常熱鬧。

景福祠火德星君

赤崁樓文昌閣魁星

- 司職：考運之神
- 魁星爺神誕日：7月7日
- 著名廟宇：赤崁樓文昌閣、孔廟文昌閣

神明來歷與鑑賞入門

魁星，又名魁星爺、大魁夫子、大魁星君，「魁」字，源於古人的奎星崇拜，在東漢時已有「奎主文章」的說法，相信奎星為主掌文運之神，皇帝寫的字稱為「奎書」，稱祕書監為「奎府」，因「魁」與「奎」同音又有「首」的意思，到後來奎星也成了「魁星」，成為讀書士子的守護神，在全國各地常見到有魁星樓、魁星閣、文昌閣之類的建築。

清學者顧炎武在《日知錄》言：「今人所奉魁星，不知始自何年。以奎為文章之府，故立廟祀之，乃不能象奎，而改奎為魁，又不能象魁，而取之字形，為鬼舉足而起其斗，不知奎為北方玄武七宿之一。」

明代科舉制度以五部儒家經典即《詩》、《書》、《易》、《禮》、《春秋》取士，

赤崁樓文昌閣正殿

　　每經所取第一名稱為「經魁」。「魁」即是第一名、首之意。鄉試所取前五名稱
為「五經魁」；舉人第一名稱為解元，又稱「魁解」；進士第一名稱為狀元，又稱「魁
甲」。

　　《安平縣雜記／節令》載：「又士子以七月七日為魁星誕，多於是夜為魁星會，各
塾學徒競鳩資備祭品以祀，亦有演戲者，歡飲竟夕，村塾尤甚，是日，各塾放假，學
徒仍呈節敬於塾師。」

　　古代士子，雖稱為孔子的學生，同時卻也崇拜文昌神。五文昌是指文昌帝君（梓
潼）、文衡聖帝（關公）、孚佑帝君（呂洞賓）、魁星和朱衣五位。自古以來，稱狀
元及第為「大魁天下」，因此士子們尤喜奉魁星爺，希望能得到其護佑，祈求考運亨
通、科試及第、獨占鰲頭。

圖解神明鑑賞

魁星造像以「魁」字望文生義形塑而成，如鬼之臉，右手高舉硃筆，左手執墨斗，右腳立於龍頭魚身的鰲頭之上，左腳向後蹺起如踢星斗，表示在用筆點選中試者的名字，這就是「魁星踢斗，獨占鰲頭」。

魁星爺臉部造型奇特，教人無法直視

臉 部

相傳魁星爺奇醜無比，「如鬼之臉」

右 手

右手高舉硃筆——表示用筆點選中試者的名字

魁星爺右手高舉硃筆

左 足

左足彎腳——舉足做「踢斗」之勢

左 手

左手執墨斗

立於鰲頭——獨占鰲頭之意

鰲 頭

右腳立於龍頭魚身的鰲頭

赤崁樓
文昌閣魁星爺

廟宇源流與故事

赤崁樓文昌閣
地址：台南市中西區民族路2段212號
電話：06-2205647
創建年代：清光緒12年（1889）

赤崁樓文昌閣

赤崁樓文昌閣

文昌閣是清光緒12年（1889）台灣知縣沈受謙為了振興文教乃拆大士殿而建造的，以崇祀文昌帝君、魁星爺，另於文昌閣前空地重建大士殿，並在赤崁樓北側興建了蓬壺書院造育人才，與建造供奉五位宋代大儒朱熹、周敦頤、程灝、程頤、張載的五子祠，此時的赤嵌樓同時集五座中國傳統建築於一堂，分別是廟（海神廟）、殿（大士殿）、祠（五子祠）、閣（文昌閣）、院（蓬壺書院）。

現在文昌閣一樓除供有文昌帝君外，還有清代科舉考試制度介紹，五文昌帝君分別是文昌帝君（張亞子）、文衡聖帝（關羽）、孚佑帝君（呂洞賓）、魁星星君和朱衣星君（或說是朱熹）。

廟宇藝術與文創

文昌閣二樓供奉五文昌之一的魁星爺，主宰文章府事之神，為讀書士子的守護神，每逢考季一到，其神案上不時排滿了准考證、學生證，魁星祈福榜更滿掛著考生的祈福卡，希能獲得魁星爺的眷顧與護佑，得以金榜題名。

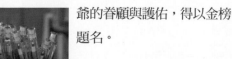

右圖：魁星筆索取辦法
左圖：文昌閣提供的現代「魁星筆」

白蓮聖母

圖解神明鑑賞

白蓮聖母昔時有吳魯女士擔任其代言人，聖母乩身下駕時腳蹬三寸金蓮，寫的字非常漂亮秀氣又工整，聖母專治眼疾、腹痛、不必吃藥都能治癒名聞暇邇，爭相排隊問事，所以神像作夫人像，左手拿葫蘆，右手高舉拂塵，聖母行罡作法，施展法術幫信眾消災解厄。

- 司職：疾病之神
- 神誕日：農曆1月3日
- 著名廟宇：南廠保安宮

右手
高舉拂塵

南廠保安宮
白蓮聖母

御龜化為白蓮聖母

廟宇源流與故事

南廠保安宮
地址：台南市中西區保安路90號
電話：06-2286967
創建年代：清康熙57年（1718）

南廠保安宮白蓮聖母

台南赤崁樓9隻御龜贔屭

南廠保安宮後殿聖母廳

白蓮聖母乃清高宗於乾隆53年（1788）為紀念平定台灣林爽文事變，所頒賜的十通御碑與十隻御龜（贔屭音同壁細），贔屭是相傳龍生九子之一的靈獸，似龜而性好負重，御龜是碑趺暨碑座，上有凹槽用以崁入石碑。由於御製碑文甚長，採用花崗岩雕鑿製作頗費工夫，直到乾隆56年（1791）才完成，運到台灣再行組合，無奈坐船運抵府城時在南廠附近的港道，有一隻贔屭不慎落海尋無蹤跡，當時官方只好另以台灣本土砂岩緊急取代補刻一隻，現在，在嘉義中山公園內的御龜碑就是「真碑假龜」，真正那一隻落海贔屭本尊直至日大正元年（1912）8月出土，在石龜塭上岸，當地民眾相信神龜吸收日月精華後，已有神性，化身為慈悲和藹、法力無邊的女神，稱白蓮聖母，常駐於保安宮的後殿，只要向聖母祈求不論臭頭爛耳、酸痛各項疾病都是有求必應，對於眼疾最為有效，只要乞神龜凹槽內的神水回去服用都會有效。昔時收的契子超過一千人，有的都已經當祖母了。

廟宇藝術與文創　日本巡查辱神慘遭修理

在日治時期白蓮聖母信仰相當的風行，每天來廟邊向聖母乞水祈福排隊的人相當的多，有台灣人當日本巡查，本身是信奉基督教，見府城人如此的瘋狂，不信邪為破除迷信便使用鞭子打了神龜頭三下，騎單車回家後便失神不省人事，老婆發覺到事情不妙，便來向聖母祈求開恩赦罪求聖水回去讓其老公飲用，後來得到聖母原諒才逐漸康復，此事傳開以後更助長了白蓮聖母神威顯赫的威名，風聞而來的信眾於是愈來愈多。

白蓮聖母神威顯赫，有很多人來此取水

水門宮徐甲真人

• 司職：法教之神
• 神誕日：農曆 2 月 15 日
• 著名廟宇：南廠保安宮、水門宮

神明來歷與鑑賞入門

　　閭山派，又稱閭山道、閭山教等，是華南地區道教重要流派的泛稱。本是福建流行的一種巫術，廣納了道教淨明道、正一道與佛教禪宗、淨土宗、密宗瑜伽派和儒家忠君孝親等三教的理論以及祭儀和法術，揉合成為自己的教義與儀式，並廣納民間信仰的神佛，是包容性很大的一個民間派系。主要以各種法事，來為人消災除厄，賜福招祥。

　　南廠保安宮奉徐甲真人為法派祖師，所以又稱徐甲派。徐甲曾載於晉人葛洪《神仙傳》，據該書述云：老子有客徐甲，少賃於老子，約雇百錢。計欠甲七百二十萬錢。甲見老子出關遊行，速索債，不可能，乃請人作辭，詣關令尹喜，以言老子。老子問甲曰：汝久應死，吾乙太玄請生符與汝。乃令甲張口向地，符立出，甲成一具枯

徐甲真人聖誕日拜殿情景

骨矣！喜為甲叩頭請命，老子複以符投之，甲立更生。喜以錢二萬與甲，遣之而去。

在宋人張君房輯《雲笈七籤卷四·道教相承次第錄》中，記載道祖太上老君傳授火山大丹治法給三名弟子的其中之一。元代碑文《全真祖宗之圖》中尊徐甲為太極真人，元順帝至元2年加封徐甲為「垂玄感聖慈華應禦真君」，徐甲受到道士的推崇，在福建、台灣以往一些古老的教派及道壇，都有徐甲信仰。徐甲信仰也與地方宮廟結合，配合巫術與神明的行醫濟世，逐漸流傳開來。

閭山堂主祀徐甲真人

圖解神明鑑賞

南廠保安宮主祀五府千歲（李、池、吳、朱、范），康熙年間創建。保安宮內協敬壇創立於日昭和11年（1936年），為台南地區閭山徐甲派紅頭小法的發源地，祖師爺為徐甲真人。

執劍斬妖除邪，化行十方救萬民

右手高舉七星劍

正氣凜然，法相顯示行罡作法

身穿八卦道服，頭頂金鉚道冠，上界高真之尊

左手捧淨缽

南廠保安宮協敬壇徐甲真人

廟宇源流與故事

> 南廠保安宮
> 地址：台南市中西區保安路90號
> 電話：06-2286967
> 創建年代：清康熙57年（1718）

南廠保安宮廟貌

南廠保安宮

　　南廠保安宮俗稱王宮，是台南市中西區規模最大的王爺廟，主祀五府千歲（李、池、吳、朱、范），康熙年間由鄭王部屬為感念王爺當年護航鄭成功渡海有功而建；乾隆37年（1772）林雲氏捐獻代天府金字匾；嘉慶21年（1816）重修，捐獻石器、香爐、燭台；道光、同治、光緒及日治大正、昭和年間均曾修建；民國102年重修完工，是為現貌。

南廠保安宮協敬壇

保安宮協敬壇老照片

　　協敬壇創立於日昭和11年（1936年），為南廠保安宮的小法團，幫忙宮廟的神明科儀、請神、扶童、犒賞兵馬、祭改等護法服務工作，都是義工性質，為台南地區閭山徐甲派紅頭小法的發源地，普傳於台灣各地的宮廟神壇，常以「協」字頭為傳衍壇名，祖師爺為徐甲真人。

小法團的故著名老法師

吳羅漢與林斗枝

康雲南

辛赶苙

柯興

喜樹萬皇宮開基神像葉、朱、李千歲神尊

神明來歷與鑑賞入門

有關王爺信仰的由來，眾說紛云，民間有多種傳說版本：與鄭成功祖孫有關、瘟神信仰、或云十二瘟王，或云生前有功於世人，死後被尊祀為王爺，或稱王公、大人，廟額常稱「代天府」，並稱「代天巡狩」。

清乾隆17年（1752）王必昌《重修台灣縣志／卷六祠宇志／廟／將軍廟》：

開基葉府千歲後面的入神洞非常大，早期喜樹分靈的綢布製神像就是放入神像內

司職：代天巡狩之神

葉、朱、李千歲神誕日：農曆4月11日

著名廟宇：喜樹代天府萬皇宮、保西宮

圖解神明鑑賞

喜樹萬皇宮開基葉、朱、李府千歲，此三尊開基金身之尺寸為佛尺2尺高，左右對稱，型姿各異，氣韻傳神，神像比例，手勢威奕，衣褶俐落，伸腳穩重，將王爺威嚴正氣的特質表現的神氣活現。

舊志府志載，邑治東安坊有開山王廟，今圮，長興里有王公廟，俱偽時所建。茲查各坊里社廟，以王公大人稱者甚夥：東安坊則山川台、坑仔底，西定坊則王宮港、草仔寮、海防署前，寧南坊則馬兵營、打石街，鎮北坊則普濟殿、三老爺宮、以及安平鎮、青鯤身、北線尾、喜樹仔、永豐里、紅毛寮、中路、南潭等處，廟宇大小不一，概號曰代天府·神像俱雄而毅；或黝、或赭、或白而皙；詰其姓名，莫有知者。所傳王誕之辰，必推頭家數人，沿門斂資演戲展祭·每三年即大斂財，延道流、設王醮二三晝夜，謂之送瘟·造木為船，糊紙像三儀仗，儼如王者·盛陳優觴，跪進酒食，名為請王……

喜樹萬皇宮
李府千歲

圖解神明鑑賞

勇猛、性烈正直的武將，開臉常作惡面的作法。瞪目露齒稱為大惡；瞪眼鎖眉稱為半惡；威嚴肅穆稱為小惡。黑臉惡面之相為武將最常表現的作法，另身穿文袍，右腿武甲著長靴往內縮腳。

喜樹萬皇宮李府千歲神尊背後座椅上的入神洞

喜樹萬皇宮
李府千歲

喜樹萬皇宮李府千歲側身造像，色彩表現突出

喜樹萬皇宮李府千歲側身造像，衣袍摺痕造型栩栩如生

喜樹萬皇宮 葉府千歲

圖解神明鑑賞

葉府為大王，位居中尊，神像以頭戴王帽、身穿文袍，溫文儒雅，剛毅沉穩端坐椅上，襯托出以文官為首的領袖地位。

喜樹萬皇宮葉府千歲文官的官帽簡樸低調，沒有過多的裝飾

微微張開雙目，慈眉善目的容顏

雙手捧袖（壽）於腰際，僅露出大拇指，又稱通壽體、抱壽體。常見於文官神明、女神

喜樹萬皇宮葉府千歲

喜樹萬皇宮葉府千歲常年鬚髯掩身，撩起鬚髯的樣貌是難得一見的形貌

喜樹萬皇宮葉府千歲側影

喜樹萬皇宮葉府千歲背影

喜樹萬皇宮 朱府千歲

圖解神明鑑賞

喜樹萬皇宮朱府千歲著文武袍服，代表文才武德兼備，剛毅的眼神俯看眾生，展現出沉著冷靜之中又帶氣勢攝人的武略之氣。

右肩武甲，
右手握拳，
威武抵於大腿之上

頭帶二郎盔，溫文帶有剛毅的眼神俯看眾生

極為少見的撩起喜樹萬皇宮朱府千歲的鬍鬚之神尊，全身服飾盡覽無遺

左腿武甲著長靴往內縮腳，
左右對應

喜樹萬皇宮朱府千歲背影

袍服

著文武袍服代表文才武德兼備

喜樹萬皇宮朱府千歲側影

廟宇源流與故事

喜樹代天府萬皇宮
地址：台南市南區喜樹路222巷52號
電話：06-2622343
創建年代：清乾隆4年（1739）

　　相傳於300年前，喜樹與永寧間的海面，一夜突然傳來鐘鼓管樂嘹喨之聲，且光茫照耀，如同白晝，兩庄居民咸感訝異，於翌晨紛紛前往探視，只見海上有神船一艘，內有綢製神像三尊，即葉、朱、李三府千歲，始悟神明旨意，乃合力於兩庄間建一座廟宇奉祀，但不久兩庄發生糾紛，便協議分開建廟，神像歸喜樹，王船歸永寧（現灣裡）。乾隆17年（1752）王必昌《重修台灣縣志／卷六祠宇志／廟／將軍廟》載：邑治東安坊有開山王廟，今圮。長興里有王公廟，俱偽時所建，茲查各坊里社廟，以王公大人稱者甚夥：東安坊則山川台、坑仔底，西定坊則王宮港、草仔寮、海防署前，寧南坊則馬兵營、打石街，鎮北坊則普濟殿、三老爺宮以及安平鎮、青鯤身、北線尾、喜樹仔、永豐里、紅毛寮、中路、南潭等處，廟宇大小不一，概號曰代天府。

廟宇藝術與文創

　　「過化存神」，原意為聖人所到之處，人民無不被感化，而永遠受其精神影響。清乾隆甲子年（乾隆9年，1744）信官王養敬捐；王養是福建海澄人，乾隆6年任台灣水師協鎮左營遊擊，因許願仕途慶陞，從大陸敬奉王爺聖像三尊叩謝神恩，並獻「過化存神」匾一方記事。據聞早期喜樹分靈的綢製神像就是放入現神像內，成為喜樹萬皇宮的開基神像。

「過化存神」匾

祈福鑰匙圈文創商品

　　而喜樹萬皇宮祈福鑰匙圈是近年來廟方的文創商品，掛牌上印有開基葉、朱、李府千歲神像圖案，可讓信眾隨身攜行。

南鯤鯓代天府 吳府千歲

信仰源流延伸考

司職：代天巡狩之神
神誕日：9月15日
著名廟宇：麻豆代天府、南廠保安宮

圖解神明鑑賞

南鯤鯓代天府開基吳府千歲，彩繪安金已退，今全身呈現古銅色，眼神內斂，若有所思，左手輕壓於左腿上，右手輕提腰帶。

包頭，眼神內斂，山根突出，耳根外翻

眼神下視，若有所思

雞蛋臉，領口簡單無華，左手輕壓於左腿上，右手輕提腰帶

吳府千歲神像彩繪安金已退，全身已成古銅色

南鯤鯓代天府開基吳府千歲

南鯤鯓代天府匾額

亞洲最大的五門式木作擎天大山門牌樓

廟宇源流與故事

南鯤鯓代天府
地址：台南市北門區鯤江976號
電話：06-7864711
創建年代：明永曆15年（1661）

　　南鯤鯓代天府，為國定古蹟。主要奉祀李、池、吳、朱、范等五府王爺。相傳在清康熙初年已建有供奉五府王爺的南鯤鯓代天府廟，後因海嘯，廟毀人遷。嘉慶年間，鄉人在桄榔山的虎峰，即今之廟址重建廟宇，為全台灣王爺信仰的大本營。其建築由兩座廟所組成：前為代天府，祀奉五府千歲；後為萬善堂，祀奉萬善爺，宏偉壯觀，占地寬廣，香火之盛，均為全台之冠。

　　南鯤鯓代天府與澎湖王爺信仰之間有深厚關係。從代天府繁衍而出的廟宇遍及海內外，由此可見代天府在民間信仰中深厚的影響力。

廟宇藝術與文創

　　2014年5月「南鯤鯓代天府五府千歲進香期」獲指定為國家重要民俗，南鯤鯓代天府是台灣王爺信仰的指標性廟宇，從清代迄今歷史悠久，分靈眾多、遍及台灣各地，每年四次香期，分別在農曆4月、6月、8月及9月舉行，各分靈廟宇組成進香團回到祖廟謁祖，祭典規模龐大。每當進香期間，全台各地乩童及多樣豐富的陣頭隨香而來，絡繹不絕、人山人海，傳承並展現台灣王爺信仰宗教文化特色。

每逢進香期間，廟庭人山人海

信仰源流延伸考

南廠保安宮 李府千歲

圖解神明鑑賞

南廠保安宮鎮殿李府為西佛國蔡心之父蔡義培作品，展現溫文儒雅的一面，高居殿堂之上，眼神下視，莊嚴淡定，造型為雙手抱袖（壽）於右腰際。

・司職：代天巡狩之神
・神誕日：4月26日
・著名廟宇：南鯤鯓代天府、麻豆代天府

眼神下視，關心民瘼

莊嚴淡定，洞悉人間

沉穩寧靜的神韻，讓信眾的心寧有所寄託

溫文儒雅，高居殿堂之上，造型為雙手抱袖（壽）於右腰際

鎮殿李府為西佛國蔡心之父蔡義培作品，在日大正4年曾大修一次

廟宇源流與故事

南廠保安宮
地址：台南市中西區保安路90號
電話：06-2286967
創建年代：清康熙57年（1718）

南廠保安宮

在康熙57年（1718）所建的保安宮，位於當時台江內海的海濱，南廠原位於保安宮的東側，約在保安路與郡西路交會一帶，原為來自泉州府晉江縣古東之吳姓人家，經營民間造船廠，從事造船、修補船務工作，當地居民稱為南廠。

南廠保安宮是西區規模最大的王爺廟，主祀五府千歲（李、池、吳、朱、范）。康熙年間鄭王部屬為感念王爺當年護航鄭成功渡海有功而建。乾隆37年（1758）林雲氏捐獻代天府金字匾。嘉慶21年（1816）重修，捐獻石器、香爐、燭台；道光、同治、光緒、及日治大正、昭和年間均曾修建；民國50年重修，民國68年再修，民國74年完工，民國103年重修。後殿天井東側有一隻贔屭，為清高宗於乾隆53年平定林爽文事變，所頒賜的十隻御龜之一。於乾隆56年（1791）製成，因搬運不慎而落海的贔屭（碑座），直至日大正元年（1912）8月出土，民眾相信神龜吸收日月精華後，已有神性，且屢顯神蹟，相傳神龜凹槽內的神水，可治百病，對於眼疾最為有效，後被尊為白蓮聖母，常駐於保安宮的後殿。

南廠保安宮外貌

南廠保安宮正殿神尊群像

保西宮 葉府千歲

圖解神明鑑賞

保西宮葉府千歲鎮殿葉府為西佛國蔡心之父蔡義培作品，端坐於殿堂之上，眼神下視，體態自在，手勢為雙手抱袖（壽）於右腰際，露出右手大拇指。

・司職：代天巡狩之神
・神誕日：6 月 3 日
・朱府千歲神誕日：4 月 13 日
・李府千歲神誕日：3 月 12 日
・著名廟宇：代天府、萬皇宮、萬年殿

鎮殿葉府高居殿堂之上，莊嚴淡定，洞悉人間，老神在在

眼神下視，體態自在，氣定神閒的神韻令人心生寧靜

手勢為雙手抱袖（壽）於右腰際，露出右手大拇指）

鎮殿葉府為西佛國蔡心之父蔡義培作品

保西宮正殿

廟宇源流與故事

保西宮

地址：台南市中西區中正路138巷28號
電話：06-2233763
創建年代：清康熙57年（1718）

保西公

創建年代康熙57年（1718），主祀神明為葉、朱、李三府千歲，《重修台灣縣志》記載「茲查各坊里社廟，以王公大人稱者甚多……西定坊則王宮港、草仔寮……」上引文所指的草仔寮王公大人廟便是保西宮，這是本廟最早見於文獻記載者，其間嘉慶5年（1800）維新廟貌，舉人張文雅肅獻「威鎮海疆」宏匾彰顯神功。道光年間至民國38年先後重修，民國67年再度重修舉行建醮科儀。

廟宇藝術與文創

廟內的一對韓德爺與盧清爺為早期福州同鄉會所遺留下來的將爺，其造型古樸頗具特色。

左圖：韓德爺
右圖：盧清爺

吳府二鎮

圖解神明鑑賞

吳府二鎮神尊為西佛國蔡心於日昭和10年（1935）作品，端坐在虎皮椅上，身著文武袍，左手反骨輕壓左腿，右手輕舉腰帶，右腳則是武甲。

吳府二鎮
側身照

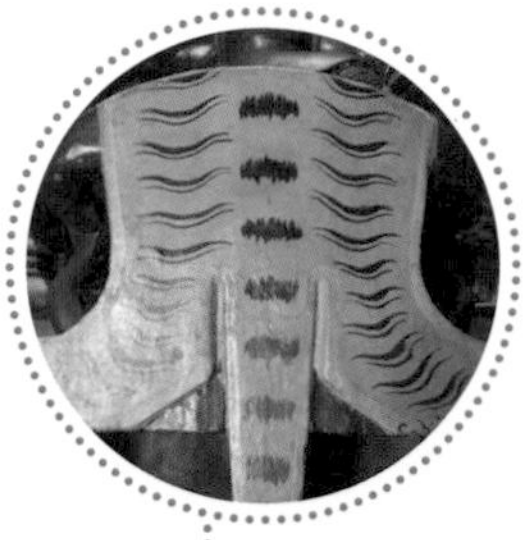

椅背作虎皮椅

文武甲

- 司職：代天巡狩之神
- 吳府二鎮神誕日：3月15日
- 著名廟宇：南廠保安宮、水門宮

文武袍，左手反骨輕
壓左腿，右手輕舉腰
帶，右腳武甲

吳府二鎮為西佛國蔡心
於日昭和10年（1935）
作品

南廠保安宮吳府二鎮

水門宮正殿神明

水門宮外貌

廟宇源流與故事

南廠水門宮
地址：台南市南區仁南街86號
電話：06-2648457
創建年代：民國82年新建

水門宮沿革

　　水門宮主祀李、池、吳、朱、范五府王爺及吳府二鎮，鑑於神威顯赫而增祀張府元帥、謝府王爺，奉玉旨敕封稱「七府千歲」。第二次世界大戰，盟軍猛炸南廠社內，五府王爺顯應，祐護黎民安度浩劫，戰後境眾立祠於十三間「水門保安堂」，信眾漸增。由謝平發倡議興建「代天府水門宮」，乃溯源於祖廟水門保安宮，於民國82年完工，廟貌堂皇。

吳府二鎮的由來

　　在日治時期昭和10年（1935），南廠保安宮原本打算增雕李府二鎮神尊，後因廟內三王交代，在南鯤鯓有一待分發巡狩之吳姓神靈，經李府千歲的邀請，入神至南鯤鯓香火，在乙亥年（1935）3月15日降臨保安宮，以此神像為依據，開始行醫濟世，乃吳府二鎮之開基也，此乃五王之祕書長，只有南廠社獨有，當時雕刻的木材剛好可以分成一大一小二塊來雕刻，大材神像歸南廠保安宮，小材神像則由謝惡骨來供奉。

共善堂開基邢王

- 司職：勇衛之神
- 飛昇日：2月23日
- 神誕日：8月23日
- 著名廟宇：開基共善堂、神興宮、昭靈廟

神明來歷與鑑賞入門

　　邢府千歲有多種稱呼，常稱邢府王爺、邢千歲、邢天王、邢天皇、邢大人、邢爺等，亦有稱「無量救世‧忠義聖佛‧保護大帝‧邢天王」、天皇殿保護大帝邢天王、邢天王侯等。

　　台灣的王爺常只知道其姓氏而不知其名，有金身形象卻不知其身平事蹟，邢府千歲也是一樣；造像以頭戴帥盔、濃眉、大眼、尖鼻、法令紋明顯，面相現銳眼、威嚴勇武之武將造型，惟其生日誕辰為農曆8月23日是較為統一的，而其身分來源有多種版本。

　　福建泉州富美宮對邢王爺的描述為：邢府千歲諱明德，為隋朝邢台人。唐高祖時進士，學博三墳五典，武精六韜三略，忠君愛民，深為朝廷所器重。

上圖：邢府千歲拜殿
右圖：神興宮朱邢李三府千歲

福建省南安縣洪瀨鎮西林村檺林廟（舊稱玉湖檺林宮），是當地人所稱的「檺林祖殿」，供奉朱、邢、李三位大人，記載為：邢夫子諱炳字叔明，山東曹州濟陰縣人……邢大人係文武狀元出身，學博三故五典，武精六韜三略。忠君愛民，深為朝廷器重。

台南開基共善堂的版本，是依照先賢過去扶鸞指示之內容，約在日治時期傳出邢府王爺有七位之說，參考《東周列國演義》試圖解釋七尊邢府千歲系統，分別為東周時代的盧蒲癸、邢蒯、州綽、殖綽、王何、郭最、賈舉；或云一位為正「邢」姓王爺，其餘六位為其結義拜兄弟，七位千歲之金身造型與手持之法器皆為不同。

圖解神明鑑賞

廣安宮邢府千歲原開基共善堂的開基
佛，被留在廣安宮合祀。其造型頭戴
帥盔帽，睜眼，獅頭鼻，全身武甲裝
備，端正威嚴。

臉部特寫，
項前圍有獅
頭披肩

頭戴帥盔帽，睜眼，
獅頭鼻，全身武甲

帥盔帽特寫

左手按於左腿上，
右手輕提腰帶，腳
踏雙獅，威嚴的武
將造型

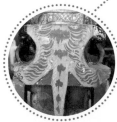

椅背為虎皮椅

廣安宮邢府千歲

左圖：開基共善堂拜殿；右圖：開基共善堂拜亭

廟宇源流與故事

開基共善堂
地址：台南市中西區慈聖街65號
電話：06-2221024
創建年代：清雍正元（1723）

石精臼屬府城中西區，因往昔此地接近米街（今新美街），因此有舂米穀的行業產生，日久成地名。亦作「石精臼」，石臼為舂稻去穀的用具，可以用來搗去稻穀的穀皮；早期米街附近一帶放置許多這些舂米的器具，地以器具為名而得稱。

石精臼開基共善堂，主祀保護大帝邢府千歲七位兄弟，稱為邢府大千歲、邢府二千歲、邢府三千歲、邢府四千歲、邢府五千歲、邢府六千歲而至邢府七千歲。俗稱為「石精臼王爺」。

在日人相良吉哉的《台南州祠廟名鑑》記載為：當時泉州南門外的檺宮，由於邢王爺十分的靈驗，所以光緒15年（1889）渡台的泉州人將其攜帶來台灣奉祀。最初是在民宅中讓神明當作奉祀的場所，而後代的信徒募款買地來建廟，由林文賢、成利、葉和美等出資三百多銀元，在明治28年（1895）竣工建成，位於台町二丁目131番地，即現在米街廣安宮行館附近，位於赤崁樓西處。日治時期明治44年（1911），台南市實施街道市區改正計畫，除了整理交通與市容外，也拆除許多的廟宇。大正10年（1921），拓寬民族路，原在石精臼的共善堂和在米街的廣安宮也遭拆除，共善堂神尊先暫時寄祀在鄰近的大天后宮佛祖廳，所以四年一次的府城迎媽祖盛會，共善堂邢府千歲一大早都會來大天后宮恭請媽祖出巡，已成為一個慣例。

民國69年6月由信徒劉來欽、董炎松、蔡木生、王新練等人發起在台南市慈聖街65號重建；民國94年，主任委員劉來欽先生，感念神恩浩蕩因此發起拆除原本建築，並捐購土地來擴建開基共善堂；民國96年新廟入火安座。

神興宮
邢府千歲

圖解神明鑑賞

為民國36年老古石黃炎輝師傅的作品，誇張的濃眉，眼神下看帶有殺氣，大鼻，嘴角下沉，法令紋明顯，全身武甲，錦雕細緻，腰部獅頭雕刻，展現威武兇猛，將邢府千歲的威靈氣勢表露無遺。

清同治9年（1870）花瓶，
牛磨後朱邢李王爺

神興宮開基邢府

神興宮鎮殿邢府千歲

公界內昭靈廟
邢府千歲

圖解神明鑑賞

公界內昭靈廟泥塑鎮殿邢府千歲，其氣勢勇猛宛若準備出征的將軍，身穿戰甲，端坐於椅上，左手握拳放於腿上，右手輕　　　提腰帶，氣勢凌人。

身穿戰甲，端坐於椅上，左手握拳放於腿上，右手輕提腰帶，氣勢凌人

眉骨高突，睜眼，獅頭鼻，嘴型下沉，項前圍有護巾

右腳內縮，左腳伸出，氣勢勇猛宛若準備出征的將軍

昭靈廟邢府千歲

普濟殿鎮殿池王

司職：代天巡狩之神
神誕日：6月18日
著名廟宇：普濟殿、廣安宮

池府千歲

神明來歷與鑑賞入門

　　池府王爺原名陳文魁，宋朝仁宗年間出生於泉州府同安縣馬巷村，曾經跟隨歷史名將楊文廣征服閩南十八洞建立功勳，晚年回故鄉隱居。有天晚上突然看見瘟神降臨，下瘟於全村的水源，為恐村民飲水而罹患瘟疫，便親嚐池水，頃刻間腹痛如絞，不久其全身發黑，為恐全村人不知因

米街廣安宮池王

普濟殿三王右手掌帶

普濟殿二王左手掌帶

普濟殿大公爐主佛

而飲水而亡，便投水塘自盡示警，因此救了全村的人，此捨身取義的精神讓全村人感念，鄉人便鳩眾建廟，遇有疾疫，禱告皆威靈顯赫。這也是池府千歲的神像為何總是黑色的臉龐配著凸大的眼睛。

圖解神明鑑賞

普濟殿大公爐主佛可看得出是一歷史悠久的神尊。端坐龍頭椅，面色黝黑，大眼目視，耳垂飽滿，微笑以對世人。

頭部

頭部有簡單的包巾處理

頭部做包巾處理

臉部

傳說池府千歲因試水中毒，以致膚色黝黑，但配以微笑，則增加親和感

端坐龍頭椅，烏臉，大眼，耳垂飽滿，右腿以武甲表現

領口簡單無華，左手按於左腿，右手輕提腰帶，衣摺線條簡單

右腳

若不注意細節，右腿以武甲穿著的表現即可能錯過。腳踏椅座有馬蹄腳的設計

普濟殿大公爐主佛

普濟殿佛祖廳正殿   普濟殿正殿

廟宇源流與故事

> **普濟殿**
> 地址：台南市中西區普濟街79號
> 電話：06-2268774
> 創建年代：明永曆22年（1668）

　　普濟殿創建於明永曆年間，原稱「普濟廟」，為坐南朝北之單殿式建築。傳聞南明寧靖王朱術桂經常遊憩本廟，故而賜名為「普濟殿」。本殿座落於府城西北，臨近五條港地區，自古以來商旅雲集、人文薈萃。

　　南明亡後，康熙25年（1686）初次重建落成，方向改為坐北朝南，乾隆11年（1746）石文耀等人曾發起重修。嘉慶22年歲次丁丑（1817）石克纘等人再度發起重修，當時住持僧邁蓮禪師出錢購得本殿右側土地加蓋偏殿，於嘉慶24年（1819）落成，奠定本殿往後之一本殿一偏殿的基本規模。

　　此後又於咸豐、同治、光緒、日明治32年（1899）、大正12年（1923）數度重修。日昭和17年（1942）粗糠崎土地公廟遭廢，神像合祀入廟。民國34年光復後由李吉發起重修；民國38年建立四垂亭；民國55年後聖君廟法主公神像也合祀入廟內；民國66年再修；民國93年重修並重建佛祖廳為坐南朝北建築；民國96年落成建醮是為現貌。

掌排爺

信仰源流延伸考

圖解神明鑑賞

話說有一天，池王爺奉公出門辦事，堂內無大人，衙役們就在裡面睡覺，池王爺有事突然折回，掌排爺遇緊急狀況，匆忙集合，結果忙亂之中一個衣著不整，一個穿錯鞋，後人依此故事來塑像，由於塑像自然、神韻生動，傳為美談。

瘦削的臉龐，天庭狹窄，
慈眉善目，顴骨突出

臉部
左掌排爺的臉形彷彿一般人，除了具有現實感，更多的是神明發生緊急狀態的行為，讓人有心同此理的幽默感

顴骨突出，略帶微笑，就像真人般一樣

如果未注意到，很難發現右腳的細節：左掌排爺慌亂中，右腳鞋子穿錯邊，還露出腳大拇指

右腳鞋

右鞋穿顛倒，露出大拇指

左鞋沒穿好

左掌排爺

瘦削的臉龐，
慈眉善目，嘴
巴輕開，露出
牙齒

右掌排
爺在慌張
中除了衣衫
不整，右手的動作
加強了狀況仍未解
除，還在進行著的
幽默感

衣衫沒穿好，露出
右肩與胸部

自然生動的表情，
栩栩如生

右掌排爺背部身影

右掌排爺

厲王宮正殿神明

厲王爺 張巡

- **司職**：瘟司之神
- **神誕日**：農曆1月24日雷府千歲聖誕；農曆9月9日張府千歲聖誕；農曆4月26日李府、許府、南府千歲綜合聖誕
- **著名廟宇**：厲王宮、尊王公壇、台北文山區集應廟、忠順廟

神明來歷與鑑賞入門

宋文天祥在〈正氣歌〉中為其讚詠曰：時節窮乃見，一一垂丹青。在齊太史簡，在晉董狐筆，在秦張良椎，在漢蘇武節，為嚴將軍頭，為嵇侍中血，「為張睢陽齒」，為顏常山舌，或為遼東帽，清操厲冰雪。

「為張睢陽齒」，講的就是張巡，生於唐中宗景隆3年（709）5月25日，卒於唐肅宗至德2年（757）10月9日，唐南陽人。開元進士，歷清和、真源二縣令。天寶14年安史之亂，巡起兵討之，與許遠守睢陽，詔拜禦史中丞。賊至，日中二十戰，氣不稍衰。後被圍。數月不解，糧盡，掘鼠羅雀以食，至殺愛妾以饗士。

厲王張巡神尊，為陳達作品

　　張巡志在保國滅賊，每戰皆咬牙切齒，恨自己的能力不足，對方賊將尹子琦風聞此事，當張巡被抓到時，尹特打開張巡的嘴巴查看是否跟傳說一樣，真的牙齒只剩三四顆。

　　安史之亂後，百官對兩人的議論是：「艱難（指國難）以來，忠烈未有先二人者。」歐陽修則讚張巡、許遠為「烈丈夫」。

　　張巡就義後，其殉國之事很快在江南一帶傳開，後人景仰張巡忠義不屈，各地紛紛為之建廟立祠。在俞正燮《癸巳存稿》就提到：又張自願為厲鬼殺賊，厲即瘟神都天，今丹徒勾容都天降福元帥祠，亦張公也。

　　元武進謝應芳〈厲鬼辨〉云：「無錫人出郭迓神，赤髮青面，吻出四牙，狀貌詭異。曰：『此張巡也。』」

　　在台灣北部張巡又稱尊為都天大帝、保儀尊王或保儀大夫、尪公，中部又稱武安尊王或文武尊王，南部稱為厲王爺、張府厲王，也有張巡與許遠共祀，稱為雙忠廟。

圖解神明鑑賞

張巡，南洋鄧州人，為安史之亂睢陽城主帥，最終寡不敵眾，堅守過程中缺乏糧食，殺妻妾並命令將士食用，臨死前亦面不改色，言：「臣雖為鬼，勢與賊為厲。」

臉 部

面帶微笑，鎮定從容的神情，臨死面不改色的淡定

眼光下看睢陽城，顯見忠義不屈的神情

張巡神尊

右手指向前方，左手輕掌腰帶，右腿
身穿武甲

端坐龍頭坐椅

椅巾為虎皮椅

上圖：厲王宮廟貌；下圖：厲王宮正殿神明

廟宇源流與故事

厲王宮
地址：台南市中西區西門路2段307巷14號
電話：06-2236978
創建年代：清光緒13年（1887）

　　厲王宮創建於清光緒13年（1887），
最初是由辛臨氏自金門厲王宮分靈來台，
關帝港、媽祖港、城邊、宮邊及橫街等五
街人士共同祭祀，主祀神明為唐代忠臣義
士之五府千歲張巡、許遠、雷萬春、南霽
雲、李翰，源自福建同安縣金門鄉，日
治時期明治44年（1911）改建；昭和9年
（1934）重修；民國52年再修；民國81年
重建為二樓式建築；民國84年完工；民國
86年舉行慶成祈安三朝建醮，是為現貌。

許遠

圖解神明鑑賞

許遠，杭州鹽官人，見張巡軍法調度勝於己，便將軍事大權交於張巡，最後在安慶緒敗走河北時遭殺害，封號為山海明王。

左手按於左腿

臉部

嘴部帶有鬍鬚，具有文武雙全的特質

右手輕提腰帶

右身為戰甲，端坐龍頭椅

椅巾為虎皮椅

文袍武甲，氣勢威武

雷萬春

圖解神明鑑賞

雷萬春為張巡偏將,當令狐潮進犯
雍丘時,登上城牆與其對話,中六
箭於其臉上仍屹立不搖。

端坐如意扶手坐椅

右文袍左武甲,氣勢
威武

右腳內縮左腳踢出,
義氣沖天

睜眼,口露凶牙,
殺氣騰騰

嘴 部

口中的凶牙明
顯,象徵面對敵
軍絕不退縮寬容

【參考書目】

明・西天竺藏版七卷・無名氏輯，《三教源流聖帝佛祖搜神大全》，收入王秋桂、李豐楙主編，《中國民間信仰資料彙編》第1輯，（台北：台灣學生書局，1989）。

二階堂　善弘，〈哪吒太子考〉，http://www2.ipcku.kansai-u.ac.jp/~nikaido/nezha.html 2013/10/11

馬書田，《冥間鬼神》、《民間俗神》、《佛教諸神》、《道教諸神》，新北市：風格司藝術創作坊，2012。

戴瑋志、周宗楊，《台南傳統法派及其儀式》、台南市政府文化局，2013。

吳明勳、洪瑩發，《台南王爺信仰與儀式》，台南市政府文化局，2013。

盧公明（Justus Doolittle），《中國人的社會生活：一個美國傳教士的晚清福州見聞錄》，福州：福建人民出版社，2009年。

相良吉哉編輯，《台南州祠廟名鑑》。台南：台灣日日新報社台南支局。1932年。

《台灣省，台南縣市寺廟大觀》。編刊委員會編，高雄市：興台文化出版社，1963年。

洪敏麟，《台南市市區史蹟調查報告書》，南投：台灣省文獻委員會。1977年 何培夫，《台南市古蹟導覽》。台南：台南市政府。2004年

范勝雄，《府城叢談》府城文獻研究。台南：日月出版。1997

范勝雄，《府城的寺廟信仰》。台南市政府。1995年

傅朝卿，《台南市古蹟與歷史建築總覽》。台南：台灣建築與文化資產出版社。2001年

鄭道聰，《赤崁的主張》。台南：赤崁文史工作室。2003年

鄭道聰，《台南城的故事》。台南：社團法人台南市文化協會。2004年

國立台灣歷史博物館《古城・新都・神仙府：台南府城歷史特展》。2011年

張炳楠監修，李汝和主修，王詩琅整修，《台灣省通志・人民志・宗教篇》卷2，第4冊。

劉枝萬，〈台灣省寺廟教堂名稱、主神、地址調查表〉，《台灣文獻》第11卷第2期（1960.6）。

戴瑋志，《台灣邢府千歲信仰之研究——以台南、高雄、屏東、台東為範圍》，（台南：國立台南大學文化研究所碩士論文，2009年）。

仇德哉編著，《台灣之寺廟與神明（四）》，（台中：台灣省文獻委員會，1983）。

姜義鎮著，《台灣的鄉土神明》，（台北：台原出版社，1995）。

王雅儀撰，「臨水夫人信仰與故事研究」，（台南：國立成功大學中國文學研究所碩士論文，2003年7月）。

林國平、彭文宇，《福建民間信仰》（福州：福建人民出版社，1993）。

徐曉望，《福建民間信仰源流》。台南市：五南出版社，1997年。

江玉平主編，《漳台民間信仰》廈門大學出版社，2011年。

俞黎媛，〈閩台兩岸的法主公信仰〉http://www.mzb.com.cn/html/report/114932-2.htm

維基百科——法主公　http://zh.wikipedia.org/zh-tw/%E6%B3%95%E4%B8%BB%E5%85%AC

維基百科　http://zh.wikipedia.org/zh-tw/Wikipedia:%E9%A6%96%E9%A1%B5

參閱文化部「台灣大百科全書」「三山國王廟」詞條（邱彥貴撰寫，98年11月9日更新），網址：http://taiwanpedia.culture.tw/web/content?ID=4317。

郭振昌，〈泉、福州神像雕刻的基本認識〉，《雄獅美術》，91，頁66-72，1979。

吳茂成，〈府城妝佛工藝發展簡史〉。《台南文化》，新40期：63-103，1995。

吳茂成，〈府城妝佛工藝發展簡史〉。《台南文化》，新42期：269-307，1996。

李亦園，《信仰與文化》。巨流圖書公司出版，台北市：1978年。

劉文三，《台灣宗教藝術》。台北市：雄獅美術，1974年。

謝宗榮，《神像與信仰——館藏台灣信仰陶瓷》。台北縣：台北縣立鶯歌陶瓷博物館

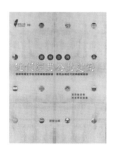

國家圖書館出版品預行編目資料

圖解臺灣神明圖鑑 / 謝奇峰作 . -- 初版 . -- 臺中市：晨星，
2014.07
　　面；　公分 . --（圖解臺灣；4）
ISBN 978-986-177-874-7(平裝)

1. 民間信仰 2. 神像 3. 臺灣

272.097　　　　　　　　　103009048

圖解 台灣　　04

圖解台灣
TAIWAN

圖解台灣神明圖鑑

作者	謝奇峰
主編	徐惠雅
執行主編	胡文青
美術設計	李岱玲
封面設計	蔡南昇

創辦人	陳銘民
發行所	晨星出版有限公司
	407 台中市西屯區工業 30 路 1 號 1 樓
	TEL：04-23595820　FAX：04-23550581
	行政院新聞局局版台業字第 2500 號
法律顧問	陳思成律師
初版	西元 2014 年 8 月 23 日
	西元 2022 年 7 月 20 日（八刷）

讀者服務專線	TEL：02-23672044 / 04-23595819#212
	FAX：02-23635741 / 04-23595493
	E-mail：service@morningstar.com.tw
網路書店	http://www.morningstar.com.tw
郵政劃撥	15060393（知己圖書股份有限公司）
印刷	上好印刷股份有限公司

定價 450 元
ISBN 978-986-177-874-7
Published by Morning Star Publishing Inc.
Printed in Taiwan

圖解台灣
TAIWAN

圖解台灣
TAIWAN